马云永远能吗?

深蓝 著

文汇出版社

图书在版编目（CIP）数据

　　马云永远能吗？ / 深蓝著. -- 上海 : 文汇出版社,
2014.12
　　ISBN 978-7-5496-1064-8

　　Ⅰ.①马… Ⅱ.①深… Ⅲ.①电子商务—商业企业管
理—研究—中国 Ⅳ.①F724.6

　　中国版本图书馆CIP数据核字(2014)第298077号

马云永远能吗？

出　版　人 / 桂国强
作　　　者 / 深　蓝
责任编辑 / 戴　铮
封面装帧 / 嫁衣工舍
出版发行 / 文匯出版社
　　　　　　上海市威海路755号
　　　　　　（邮政编码200041）
经　　　销 / 全国新华书店
印刷装订 / 三河市金泰源印务有限公司
版　　　次 / 2015年 2 月第1版
印　　　次 / 2019年1月第2次印刷
开　　　本 / 710×1000　1 / 16
字　　　数 / 212千字
印　　　张 / 15

ISBN 978-7-5496-1064-8
定　价：39.80元

互联网之巅"双马"对决

商业利益面前，没有一条路是只属于你的。

这两个人的"战争"

决定了中国人未来的用钱模式

一场气势磅礴的大战即将开始

2014年9月19日，阿里巴巴上市首日

市值达2314.39亿美元，

超越Facebook，成为仅次于谷歌的第二大互联网公司。

马云也将成为近代以来，
全球视野里最伟大的中国创业者。

马云永远能吗？

究竟谁才是最终的电子钱包大赢家？
也许腾讯正在酝酿一场没有硝烟的反击战。

前言一　首富易主：马云为什么能？

美国时间 2014 年 9 月 19 日 16:00，阿里巴巴在上市的首日便以 93.89 美元收盘，较发行价 68 美元上涨 38.07%，并且凭借 2314.39 亿美元的市值一举超越 Facebook，成为仅次于谷歌的第二大互联网公司。马云也因此身价倍增，一场"大陆首富之战"正在轮番上演。

事实上，中国大陆首富榜的榜单从 2013 年起就变数不断。2013 年初，大陆首富榜榜首为娃哈哈集团创始人宗庆后。到 2013 年 8 月，首富之位就易主为万达董事长王健林。然而，仅仅过了 4 个月，李彦宏便取代王健林成为中国大陆新首富。很快，马化腾后来居上，以 163 亿美元的净资产傲居榜首，并一举成为中国大陆最年轻的首富……阿里的上市结束了这种"小领先频超越"的局面，马云以 218 亿美元的净资产稳坐中国大陆财富榜榜首，并且远超第二名马化腾 55 亿美元。

阿里现在究竟有多么强大了？以下的一组数据（均截至 2014 年 9 月）或许能直观地说明问题：

阿里是中国市值最大的互联网公司。腾讯市值为 1512 亿美元，百度为 795 亿美元，而阿里的市值却达到了 2314 亿美元，超过了腾讯与百度的市值总和。

阿里是中国当之无愧的电商巨擘。京东市值 389 亿美元，唯品会市值 116 亿美元，当当网为 10 亿美元。换而言之，阿里的市值是京东的 6 倍、唯品会的 20 倍、当当网的 231 倍。

阿里是中国所有上市企业中的前三强。中国移动市值 2530 亿美元，中国石油市值 2360 亿美元。阿里以微弱的差距落后于中国移动与中国石油，但却超过了其他所有国有企业。

阿里的市值在全球互联网企业中位居第二。超越了 Facebook、亚马逊、eBay 等互联网企业，位列谷歌之后。

首富之战的胜利还成功地将马云推进了全球十大高科技富豪排行榜，马云第一次与微软的比尔·盖茨、刚卸任甲骨文 CEO 的拉里·埃里森、Facebook CEO 马克·扎克伯格、谷歌创始人拉里·佩奇和谢尔盖·布林等等站在同一量级之上。

一组组辉煌的数据不禁让人们由心地发问：马云为什么能？

这是本书要解答的一个重要问题。全书以马云和马化腾对比较量的形式对这次首富之战进行解读。当然，笔者在此也想谈谈自己的一点看法。马云的胜利是里程碑式的，也是阶段性的，正如马云自己所说的那样，未来才刚刚开始。后面的故事究竟如何发展，最好的方法就是拭目以待。

马云没有想过要刻意成为首富。这名曾经的青年教师最初只是想玩玩互联网，因此在他的公寓中和几位同事一起创立了阿里巴巴。阿里、淘宝、支付宝、双十一……这些虽然都是马云的成果，但马云的收获日却远未到来。

马云成为首富，或许他还是会穿着那双黑布鞋，因为马云并不曾改变。就像十五年前他将公司命名为阿里巴巴时说的那句话一样："每个人都知道阿里巴巴，这是一个愿意帮助别人的快乐青年。"

马云是企业家，但却并非仅此而已。或许，这就是马云"能"的原因。

前言二　阿里 VS 腾讯："男人帮"间硝烟起

很多年以前，马云在接受记者采访的时候被问到了一个问题："你认为一山如何才能容二虎？"

对此，马云给出的回答是："主要看性别。一雄一雌，这座山就和谐了。"

现实就是那么巧。如今的互联网时代，两个原本处于电商之下不同领域的男人相遇到了一块儿，而且偏偏都姓马。不管五百年前是不是本家，此时相见，无论表面看来是多么和气，私底下的较量都是火力全开。这里请原谅笔者"以小人之心度君子之腹"般的拙劣笔触，因为在二马看来，这都不叫事儿——纯粹玩玩而已。

曾经马云和马化腾两个人的较量都是回合制的。想当年，马云搞出阿里巴巴的时候，马化腾在埋头玩企鹅；马云搞出淘宝的时候，马化腾两年后抄出了个拍拍；马云搞出了支付宝的时候，马化腾就学了个财付通……在很长一段时间里，马云总是走在马化腾的前面，马化腾则一直不紧不慢地在后面跟着，专心玩企鹅玩了十年。直到有一天，马云回过头才发现，马化腾在玩企鹅的过程中居然又玩出了个微信，而且在悄无声息之中，他就被马化腾的"红包炸弹"给炸了个焦头烂额。马云仍在自我感觉良好的状态下领跑着，却不曾想到就这么被马化腾给一举追平了，这让当习惯领头兵的马云感到非常不妙。"火烧南极洲"就是这么来的。

　　当"滴滴打车"与"快的打车"相遇的时候，两个人的较量就从回合制升级成为实时竞技。除了"你砸10亿我跟10亿，你降5块我降5块，你不补贴我也不补贴"这种基本打斗之外，二人还根据各自的特点施放华丽丽的个性化战技，比如"一折电影票"大战"顶级飞机道具"，"免费啤酒"对战"游戏至尊特权"，暂时歇火时，还能用"送流量送话费"等招数搞个突然袭击……整场战斗从"移动支付入口之争"变成了"打车之争"，"打车之争"又变成了"砸钱之争"，就好像两个角色PK一般，最开始拼的是战术，到后面拼的就是谁的血条更长了。

　　2014年9月28日，马云率先放出了一记大招——跑到大洋彼岸的美国完成了阿里巴巴的上市，一跃成为中国最有钱的人。对于这件事情，马云自己本身是参与者，也是起哄者——"15年前为融资200万美元，我来纽约，失败而归，15年来我就没放弃，这次来纽约就是想多要点钱回去"。一不小心，马云便坐上了媒体头条的位置，铺天盖地的新闻采访让这位无数屌丝心中的偶像再度焕发出男神的光芒，无数的目光被聚集到一处，这个时代一下就热闹起来了。也许有人要问，马云放大招了，马化腾怎么办？别急，隐忍如水的小马哥也在寻找机会。下一个重磅炸弹是微信也说不定呢！

　　别看平时拼得火急火燎的，马云和马化腾两个人平时都是很好玩的人，两个人自然也有很多很好玩的事情。

　　比如马云就像个Cosplay的忠实粉丝一样，不仅把自己的阿里巴巴基地变成了武侠庄园，还给阿里巴巴内部的人员一人取了一个武侠角色的名字，马云作为发起者，有近水楼台的优势，自己占据了"风清扬"。可是，最后因为阿里巴巴人数太多，正派角色的名字根本不够用，为了保持武侠范的统一，只能拿反派角色给后来者凑数了。

马化腾爱好天文，但没有像马云一样用各种星座给腾讯的办公室命名。马化腾只是周末的时候偶尔和志同道合的朋友出去"夜观星象"，平时的马化腾都干吗呢——抽烟写码打游戏。别看马化腾外表斯斯文文，实际上是一个实打实的大烟枪。腾讯再时尚、再动感甚至是再文艺的产品，背后都是一堆尚有余温的碳白烟灰……

本书力求的是不拘一格。该活泼的地方就用好玩的语言讲述好玩的故事，不该活泼的地方就做到严肃正经，高大上全。全书共分最新战况、基础属性、战力解析、家底比拼四个回合，细分14个交手阶段，阐释马云与马化腾的交锋过程，全方位解读这场热闹非凡的首富之战。篇末提供花边资料库，供各位看客在观战之余，了解一些二马背后的花絮插曲。

严肃活泼是本书的基调，欢迎各位看官批评指正。

第一篇

首富过招：大陆新首富，名字叫马云

【大陆首富之战】掌声在美国响起，马云稍胜一筹

○首富开讲：就想上市，就想去纽约捞点钱　　　003

○"创变者"马云：未来，才刚刚开始　　　006

○向内部要能量，马云再写"万能信"　　　009

○腾讯＋京东：万万没想到，QQ爱上了JOY　　　013

○微信或许会是"真·杀手锏"　　　016

【世纪支付大战】一场尚看不清分晓的恶战

○二马的局：出租大战挑起"新华山论剑"　　　020

○抢滩登陆O2O："土豪式"布局为哪般？　　　024

○停不下来的"连环封杀"：讲道理？谁理你！　　　028

【历史战况大盘点】那些年，马云、马化腾干过的架

○想当年，二马之间都很"斯文"　　　033

○开始叫板：马云搞成了"淘宝"，马化腾抄出个"拍拍"　　　037

○"Wechat"没啥意思，马云决定"来往"一下　　　040

○马化腾"偷袭珍珠港"，马云誓言"火烧南极洲"　　　044

第二篇

首富的特性：魅力无限的两位"怪咖"

【起点】英语老师PK工科高才生

◇马云虽然败在了见识，却赢在了偏执　　　049

◇马云是真不懂：不懂的人反而机灵　　　053

◇会玩是入行的一号神器　　　057

◇拿着金刚钻，然后到处揽瓷器活　　　060

【奇异性格】火性疯子PK水性隐士

◇战死的还能点评一下，吓死的就算了吧　　　065

◇马云愿当那1%的疯子，因为他们能成功　　　069

◇野心勃勃，动力无限　　　072

◇有人愿意无偿骂你，这真是极好的　　　075

【独特魅力】爆骚的风清扬PK闷骚的企鹅王

◇怎样对待初恋，就怎样坚持理想　　　079

◇赚钱的都打了鸡血，而且经常打鸡血　　　083

◇蓝海不是探出来的，是玩出来的　　　087

◇独善其身，让别人的厉害在风中飘散　　　090

第三篇

首富的实力：很准很持久，很新很强大

【洞察力】远视预言家 PK 快速反应者

◎好东西往往说不清楚，说得清楚的往往不是好东西　095

◎鲸鱼不是我的菜，虾米才是我最爱　098

◎靠"天"吃饭：找到自己的活法　101

◎对手很快就会苏醒，谁也不比谁傻 5 秒钟　104

【布局谋篇力】做天下生意 PK 占万家市场

◎让天下没有难做的生意　108

◎别让 102 年变成一个传说　112

◎精品战略：企鹅不虚胖，企鹅很强壮　116

◎商机要抢，但别先吃螃蟹　120

【忍耐力】用委屈撑大胸怀 PK 闷着头猛干

◎面对再大的困难，无非左手温暖右手　125

◎失败只是输了当下，放弃则连未来都没了　128

◎模仿根本不丢人，它也是个技术活　131

◎真是太不幸了，那就扛着吧　134

【爆发力】侠气横流的清扬马 PK 蓄势突破的隐身马

◎让一万人 believe，因此诞生了信仰　　139

◎心中无敌，无敌于天下　　142

◎QQ 必须"动起来"，否则只能"冻起来"　　145

◎进化要追上同行的步伐　　149

【创新力】没有常规牌 PK 将拷贝进行到底

◎把"不按常规出牌"变成一种思维定式　　153

◎哪有做不到？只有想不到！　　156

◎一直在拷贝，从未被超越　　159

◎挑个七分熟的创新一下，然后就全熟了　　163

【营销力】营销大师马大嘴 PK 用品牌说话的小马哥

◎客户赚到钱，我们再赚钱　　167

◎我们家不但不收钱，菜还更好　　170

◎像养孩子一样养产品　　173

◎一起感受"大回响，大影响"　　176

第四篇

首富的底牌：前途光明，钱途无量

【后盾】大生意 PK 小产品

◦ 让口碑去滚雪球：千万商家不是一日养成的　　181

◦ 一度涨停，吸纳商户的诚信还在吗？　　184

◦ 有一种调调叫"用户喜欢"　　188

◦ 小产品，大平台　　192

【经管】六脉神剑 + 独孤九剑 PK "很粉很年轻" + 混合双打

◦ 独孤九剑，出手无招　　197

◦ 阿里的价值观叫"六脉神剑"　　200

◦ 是"很粉很年轻"，不是"图样图森破"　　204

◦ 双打搭配，管理不累　　207

【战况点评】马云真的永远能吗？

附录

花边信息库

◎打车之外：马云很欣喜，马妈很发愁   214

◎"诊断腾讯"之"西湖论鹅"会议简要   215

◎那些值得回味的马云语录   216

◎非绝密但很隐蔽的马化腾私密档案   218

◎马云上市现场答记者问，谈"首富心得"   219

第一篇　首富过招：大陆新首富，名字叫马云

【大陆首富之战】掌声在美国响起，马云稍胜一筹

▨情报分析：马云新招旧招齐发，马化腾不走寻常路

侠士过招要留一手。不可制胜，也能保全。

马云的杀手锏就是"乱"，特别是在关乎未来格局的斗争之中，新招旧招齐发。马云的新招就是上市，一玩玩个大的，跑到美国还非常直白地跟人说"我是来要钱的"。那些美国的投资商看到马云来了，也纷纷聚拢围观，"慷慨解囊"。马云喜欢写信，写过的信件可以开一个专题——"那些年马云发过的长邮件"。这虽然是旧招，但招招击中要害，效果不凡。至今在网络上的下载率和引用率仍旧位居前列。

马化腾的杀手锏至今没有全然展露，只给人一种"身揣秘宝，冰山一角地亮一下就能吓得敌人退走三十里地"的即视感。一向低调的小马哥这回一改常态，高调地走起了"联姻"之路，将伴随在身边十多年的胖企鹅给嫁了出去，而且在与阿里的争斗中步步进逼，毫不放松。

到了竞争渐趋白热化的阶段，二马争斗，谁又更能稍胜一筹？

首富开讲：
就想上市，就想去纽约捞点钱

竞争要义

走自己的路，让别人去猜。

延伸阅读

2014 年 9 月 8 日，这一天可不仅仅是中国传统意义上的中秋节。远在一万多公里之外的大洋彼岸，纽约城的投资者们早已沸腾起来。原来，马云要来美国上市了。

马云的到来无疑点燃了纽交所市场的热情，也引起了诸多投资者的极大兴趣。当然，最为关注的莫过于当地的记者媒体。路演开始前的几个小时，酒店四周每个入口都分布着几十名记者，车库入口更是成了记者们"盯防"马云的重要阵地，美国消费者新闻与商业频道（CNBC）、福克斯商业频道的卫星车更是直接开到了酒店的楼下。华尔道夫酒店的楼下人山人海，挤满了慕名而来的投资者，场内追，场外堵，这种热闹的场面堪比"苹果手机发布会"。

到了进场时间，熙熙攘攘的人群就给酒店的电梯系统带来了严峻的考验，因为光是从大厅挤进电梯门，你可能就得花上半个多小时。当然，这还不是最夸张的，阿里巴巴原本预计，参加首站路演的投资者人数大约在 500 人左右，没想到现场的火爆程度远远超过了预期，最终这个大厅挤进了 800 多人，还有很多人直接被挤到了门外……这种阵仗甚至吓到了一些在纽约搞了十多年投资的投资人。

在募股现场，马云一如既往地保持幽默范儿，简明扼要地表达了自己此行的目的："15 年前为融资 200 万美元，我来纽约，失败而归，15 年来我就没放弃，这次来纽约就是想多要点钱回去"。听完马云的简要开场白，聚集在华尔道夫酒店星光会议厅里的 800 多名与会者都大笑了起来。

这一切的根源都是"马云来了"。从港交所跳到纽交所，马云的每一步都要惊动一座城市。

上面的热闹场面是马云在纽约进行的阿里巴巴 IPO（首次公开招股）第一场路演时的情景。这次的 IPO 募股也影响到了中国财富榜的排位，49 岁的阿里巴巴集团创始人马云凭借着 218 亿美元净资产成为新的中国首富，马云拥有阿里巴巴 8.8% 的股权，减去其中慈善信托基金所占有的 1.5% 的股权，马云在阿里巴巴的股权价值为 113 亿美元。

根据阿里巴巴最初的预期值，这次的 IPO 将募集 211 亿美元。但若执行超额配售选择权，阿里巴巴可能创下全球最高 IPO 的新纪录，或可达到 243 亿美元，这个数据，估计只有十年前上市的 Google 能够与之一拼了。而阿里的 IPO 融资规模更是可能高达 1540 亿美元，这种水平更是直接向美国电商巨头亚马逊 1600 亿美元的市值看齐。

这只是阿里表演赛的开始。纽约路演结束后，阿里巴巴还将在美国其他重要城市"巡回演出"，先后造访波士顿、巴尔的摩、丹佛、旧金山和洛杉矶等其他城市，然后将前往香港、新加坡和伦敦举行上市路演。当然，也不排除前往中东地区。

按照阿里的计划，整个上市推介会于 9 月 18 日如期结束，并于 9 月 19 日在纽约证交所挂牌交易，股票代码为"BABA"。

Business Develop

　　早在 2013 年，马云就公开表明了上市的意向，称阿里巴巴要上市只不过是时间的问题而已。而在上市的准备期里，阿里的发展步伐一直没有停下。为了这次影响力颇广的行动，阿里巴巴其实筹备了很久，因此才上交了一份非常漂亮的招股书：招股书显示，2014 年第二季度，阿里巴巴旗下的中国零售平台（淘宝、天猫和聚划算）的总交易额达到 5010 亿元人民币，同比增长 45.1%；总收入 157.1 亿元人民币，同比增长 46.3%；去除投资带来的一次性收益等，经过调整后的净利润为 73 亿元人民币，同比涨 60%。从用户数来看，截至 2014 年第二季度末，阿里巴巴集团的活跃买家数达到 2.79 亿，较上季度末增加了 2400 万。

　　马云很早就放出了上市的消息，但中途却是一波三折。甚至有人扬言，风光了十余年的马云这次终于在上市的问题上"马失前蹄"。马云在何处上市的问题之前曾惹得圈内圈外一顿猜测，甚至将马云各个可能上市地点的利弊分析做得非常透彻，仿佛要上市的不是马云，而是这些投资者一般。

　　对于以上种种猜测，马云都不置可否。向来不按常理出牌的马云，这一次仍旧继续走自己的路，留下多种可能让外面的人说去吧。

"创变者"马云：
未来，才刚刚开始

竞争要义

未来，才刚刚开始。

延伸阅读

所谓"创变者"，其实是创新变革者的简称。2014年10月16日，一场由亚洲协会举办的盛大而隆重的活动在纽约联合国总部举行，晚会上揭晓了首届"创变者"获奖名单，13名为促进亚洲地区发展做出杰出创新和贡献的个人或团队获此殊荣，马云位列其一，也是唯一获此殊荣的中国企业家代表。获奖理由是马云开创了"中国商业及慈善历史之先河"。

在颁奖晚会的现场，组委会为马云写了一段获奖介绍：

"在十岁那年，他每天早晨骑40分钟自行车来到家乡杭州的宾馆，只是为了和外国游客练习英语。那是他具备全球视野的第一个标志。正是这种全球视野，引导他此后成为中国最前沿的互联网创业者，全球最大的电子商务公司阿里巴巴集团的创始人和董事局主席。也因为这种全球视野，我们将亚洲'创变者'年度大奖颁给马云。"在颁奖的过程中，亚洲协会会长施静书女士提到："马云先生创办的阿里巴巴集团以及他本人深远的中国公益构想，正是对于亚洲协会'创变者'奖项的设立——敢于开创先河的最佳诠释，这使他当之无愧地荣登首度'创变者'的榜首。"

上市、获奖、首富……一系列的名词让全世界的人们在 2014 年 9 月重新认识了这个其貌不扬的马云。面对诸多的赞美与请教，马云似乎更愿意与大家谈一谈自己的梦想。作为此次活动中唯一受邀致辞的获奖者，马云借着致辞的机会，回顾了阿里巴巴的创立过程，并且提到，他站在这里，代表的是所有的"小人物"，并且强调"做企业最快乐的一部分，至少对我来说，就是能对未来做出贡献，做企业不仅仅是赚钱，更是要健康地赚钱，帮助人们享受生活"。换而言之，马云想改变的，既包括人们生活本身的自然环境，也包括社会生活中的人文环境。

基于这一出发点，马云希望借助自己的能力，做一些实实在在的事情。就在颁奖晚会的当天，联合国秘书长潘基文会见了马云。面对互联网对整个社会带来的颠覆式影响，二人就互联网对环保、教育、经济发展等方面可能带来的发展进行了深入讨论。马云认为，当下最为重要的事情，莫过于唤醒人们，"让人们意识到我们的环境问题急需解决"。

在接受美国 CBS 电视台著名访谈节目《60 分钟》摄制组的采访中，马云也进一步肯定了自己的观点。栏目组向马云提问："你曾经说，当你能够让数百人小企业用你的网站时，政府就会认可你。他们认可什么？"马云回答："他们认可我们，希望我们能帮助社会安定。我告诉政府，我的任务就是帮助更多人找到工作。"

至于未来的模样，马云没有明说，只是微微一笑：未来才刚刚开始。

Business Develop

阿里上市了，马云变成首富了，此时的马云又有怎样的打算呢？或许，我们可以从阿里上市后，马云首次面向员工的讲话中获得一些信息。

马云明确提出："未来十年，阿里要打造一个真正了不起的生态系统。"建立这个生态系统的目的与当初创立阿里巴巴的初衷如出一辙——让天下没有难做的生意。这一次，马云进一步明确了自己的目标——目的是帮助小企业。马云指出：小企业需要消费者，需要最方便的金融，需要便宜的物流体系，也需要最便宜、最可靠的技术体系。同时，成千上万的小企业，需求又完全不一样。所以，只有建立一个生态系统，才能满足成千上万小企业的需求。因此，马云满怀希望地说道："我们希望能为一千万小企业提供一个生存的平台，创造一亿的就业机会，还希望为全世界二十亿人提供消费，这是未来十年我们希望能够做到的。"

除了帮助更多的人找到工作，让天下没有难做的生意之外，马云还有一个割舍不下的群体，那就是中国的农民。马云希望通过互联网的力量，让更多的城市文明能够走进偏远的农村，改善农村贫穷落后的农村面貌。马云说："现在很多农村，劳动力都到城里打工去了，留下的都是老人、孩子，我们想让这些孩子和你们的孩子一样，也可以用上电子产品，用上我们的云 OS 来接受教育。"除去政策方面的因素之外，最有可能让农村面貌发生改变的，或许只有互联网了。

虽然这些都还是马云计划与设想的事情，但谁也说不准这些事情会在什么时候成为现实。正如马云这位"创变者"一样，未来的世界，或许一切皆有可能。

向内部要能量，
马云再写"万能信"

竞争要义

能量因"正"而强。

延伸阅读

马云特别喜欢写信，而且这些信都是多功能的，给内部员工看能够"打鸡血"，给外部人士看可以"打广告"。2013年底，马云又写了一封告员工信，这一次主要讲的是激动人心的"年终奖"。

信件内容缩略如下：

各位阿里人：

又快到过年了。今年是我们实施年度财务预决算到3月底的第一年，所以年终奖金要到4月1号才会决定发不发以及发多少。我们这个月会给每位同事发两个月的工资（13薪），以便大家过个好年。

我现在谈谈今年红包发放的原则。请大家认真阅读。

…………

如果2013年只谈三件我骄傲的事，那么就是以下三件：

第一，以余额宝为代表的阿里小微金服，积极参与金融创新，形成了互联网金融的新型服务和产品，不仅仅让普通用户享受了互联网金融的服务，更激发和促进了中国金融行业的改革。

第二，面对移动互联网的迅速变局，为了改变和防止由于微信应用而形成未来中国移动互联网的垄断格局，全体阿里人个个参与，全员接受挑战，员工积极推广"来往"产品和服务"来往"的客户。这种"one family"的精神让人感动（当然在 11 月 30 日前，没有到 100 个厂外用户的同学将不会有红包。任何人都可以有一堆理由，但规定就是规定）！

第三，2013 年，阿里巴巴集团的日均纳税超过 2000 万元人民币。这是非常令人鼓舞和骄傲的。

以上三条展示的是阿里的精神和文化，可以成为我们今年决定发放红包的原则和出发点。请大家在春节前检查支付宝账户。

我以前说过，工资是公司支付给大家的工作报酬，奖金是你要超越公司的期望值，红包是集团对特殊年份特别事件的奖励，股票期权是公司对你未来贡献的期待。所以，除工资外，其他都是要我们自己，团队一起通过艰辛的努力争取来的。

说实话，2013 年尽管我们成绩不少，但总体没有超越我的期望值。我相信大家也能感受到 2013 年，我们有很多事情可以做好但没有做好，或可以做得更好。我们的收入和利润虽然大增了，但这并没有让我兴奋，因为中国很多的小企业、小卖家还是艰难。我们虽然不能保证每个来开网店的人都赚钱，但"让天下没有难做的生意"的使命，还远远没有变成每一个阿里人的行动。也许因为这个，我们可能从此不仅没有红包，还会没有奖金，还会失去我们热爱的工作。

昨天那一页已经翻过去了，阿里人，我们面临的挑战是前所未有的，我们昨天的成功很可能会成为我们的包袱，但我们同样面临着史无前例的机会。这个国家马上要兴起波澜壮阔的改革和复兴。我们从来不是为红包、为年终奖而战，而是为未来而努力，为由于我们，中国十年后的不一样而努力。

....

以前，我们对别人，别的行业呼吁，天变了。今天我们发现自己头顶上的天也变了，我们脚下的稳健土地也在变化。这不是因为对手，而是因为我们的客户和市场，因为新技术的革命在变。变化是一种必然，当然，拥抱变化和挑战变化，也必须是我们每个阿里人的能力和底气！15年的发展，今天的阿里已经具备了挑战变化的魄力和决心，但我们绝对不能轻视这瞬息万变的时代，很有可能是由于我们中的任何一个人的疏忽和不求进步，让2013年成了我们最后一个好年。

....

信件篇幅较长，这里没有做全文的摘录，略去的部分多为马云对阿里现有工作成果的总结和对未来的展望，笔者保留下来的内容是马云对内部员工进行激励的部分。

按马云的意思，"年终奖"会发，但会推迟发，为了保证各位员工能够好好过年，因此要给大家发"13薪"。唯一的要求就是所有的阿里员工要谨记阿里"让天下没有难做的生意"的使命，做好各自现有的工作。马云呼吁，所有的员工的奋斗目标不是自己的钱包有没有变胖，而是为客户服务的工作有没有做好。马云希望用这种方式来激发员工的工作激情，让每一个员工不是背负任务在工作，而是怀着使命在奋斗。

Business Develop

2013年对于阿里巴巴来说，意义非凡。这一年里，阿里巴巴取得了很多让人瞩目的成就，比如双十一销量成功突破300亿，余额宝成功上线并受到热捧，云计算5K项目取得了实质性进展……然而，各种新的挑战也朝阿里巴巴袭来，特别是互联网思维给这家本身从事互联网业务的企业所带来的冲击非常大，微信就是最典型的例子。马云将这种状况概括为"新技术革命到来前夜的敬畏和激动"。

越是辉煌的时候，越容易为未来的发展埋下隐患。因此马云特地在阿里各项指标达到历史巅峰的时候提醒员工，不要忘记使命，不要忘记在阿里工作的出发点。"放假回来后我们一起迎接挑战，一起变化自己，变化时代"是马云这封信的结语，也是对所有阿里人下一阶段设置的新起点。

马云的信甚至可以做成一个专题，如各个不同时段"致员工的一封信"、"致80后、90后新员工的一封信"等；又如对外发布的"致信投资者：15年不容易　天天如履薄冰"；再如马云工作交接时写的辞职信等……这些信无不透露出一个重要的共同点：阿里巴巴是一家有责任心的企业，所有的员工都在为责任而工作。

马云的信其实就是一剂催化剂，从员工管理的角度来讲，他是一名好的引导者，在这个重利轻义的时代，告诉员工唯一不能少的就是工作的"正能量"；从企业管理者的角度来讲，他是一名好的企业人，马云在用自己的方式诠释商界应有的"正能量"。

腾讯 + 京东：
万万没想到，QQ 爱上了 JOY

竞争要义

最快的"补短"方式就是"借长"。

延伸阅读

腾讯的吉祥物大家已经再熟悉不过了，京东的吉祥物相对而言大家可能有一点陌生：京东的吉祥物名叫 JOY，是一只欢脱的金属狗。出乎很多人意料的是，QQ 这只胖企鹅居然爱上了比它小很多岁的 JOY。

2014 年 3 月 10 日，腾讯与京东达成了战略合作协议，腾讯以 2.14 亿美元入股京东，占京东上市前在外流通普通股的 15%，成为京东的重要股东，而京东将收购腾讯 B2C 平台 QQ 网购和 C2C 平台拍拍网的 100% 权益、物流人员和资产，中国电商的格局在这一刻被改写。

对于这一重大事件，腾讯总裁刘炽平表示："很高兴在此次战略合作中将我们蓬勃发展和快速增长的电商业务与京东的电商业务结合起来，并支持它们进一步成长，向我们共同的用户提供更优质的电子商务服务。我们与京东的战略合作关系将不仅扩大我们在快速增长的实物电商领域的影响力，同时能够更好地发展我们的各项电子商务服务业务，如支付、公众账号和效果广告平台，为我们平台上的所有电商业务创造一个更繁荣的生态系统。"

与此同时，马化腾向腾讯内部的所有员工发了一封邮件，邮件主要交代了这次与京东的合作消息，腾讯过去取得的成就，并对腾讯未来的发展做了一些展望。总体来说，马化腾对这件事情是非常看好的，一向沉默的马化腾在邮件中用了许多激动人心的形容词，甚至将这次的行动形容为"共同谱写电子商务行业的新篇章"。

这次合作不仅是腾讯乐开了花，刘强东认为京东将通过与腾讯强强联合的战略合作方式，为京东构建行业最完善的电商生态圈：除了自营 B2C 和平台 B2C 之外，将通过拍拍网进入 C2C 业务，从而可以覆盖更多用户群体。与腾讯战略合作后，京东将能获得微信、手机 QQ 的入口，这意味着京东将在移动互联网领域突破重围。

当然，他也发了一封内部邮件。从邮件中，我们发现，为了拿到这次与腾讯合作的机会，京东也是拼尽全力，谈判的人员也与技术工人一样加班加点地工作，力求这次行动万无一失。同时，刘强东也对京东未来的发展提出了一个全新的希望："我们身处一个日新月异的行业，一个需要敬畏的行业，一个颠覆或者被颠覆的行业。为了赢得客户垂青、我们需要聚焦精品，并坚持一切以用户价值为依归；为了不被颠覆，我们要心怀敬畏；面对行业的激烈竞争和变化无常，我们也需要前瞻思考，主动求变。这就是我们所拥抱的互联网，让我们努力连接一切，让世界变得更好！"

不论是腾讯还是京东，对于这次的联姻都非常重视。他们的联姻并不是为了应对阿里上市而做出的自保行为，但一定是为了未来某个时刻的放手一搏而养精蓄锐。毕竟最快的补短方式一定不是自我完善，而是直接"借"别人的长处。

Business Develop

腾讯一直在变，从来没有停下前进的脚步。

最近几年，腾讯先后推动了开放战略、518变革和精品战略，全力拥抱移动互联网、主动应对新的业务格局和挑战。未来腾讯的战略方向：一方面，对于现有平台和核心业务精耕细作，打造精品，围绕核心平台为用户提供精品服务；另一方面，打造以用户为中心的开放平台和生态系统，并积极牵手产业链上下游的优秀合作伙伴，致力让用户获得更加体验、更多价值。

　　腾讯想做互联网平台，而这自然少不了电商这重要的一环。在过去的九年间里，腾讯从无到有地打造出了自己的电商业务。面对竞争高度激烈强手如云的电商市场，腾讯也先后在C2C、B2B2C领域做到了第二名，在B2C领域做到了第三名。特别是在ECC（腾讯旗下独资电商控股公司）成立之后，腾讯的电商迎来了蓬勃的发展，不仅为用户提供了优质的服务，也为腾讯与京东的战略合作奠定了重要的基础。如此一来，腾讯就可以在更具规模、更有优势的平台上继续推动实物电商业务的发展。

　　无独有偶，刘强东也看到了与腾讯达成战略合作所带来的深层次意义：第一，与腾讯取得战略合作，无疑将极大提升京东在自营电商市场的领先优势，促成京东和腾讯旗下电商业务在品牌、商品、物流等多方面的融合，使京东在自营B2C市场更加强大；第二，京东可以借此构建行业最完善的电商生态圈：除了自营B2C和平台B2C之外，京东还能通过拍拍网进入C2C业务，从而可以覆盖更多用户群体，提升京东的影响力；最关键的是，京东可以搭腾讯的顺风车，完成在移动互联网领域的突围。

　　曾有人说腾讯与京东此举都是迫于无奈，希望能借此打破电商企业发展的瓶颈。笔者认为，合作发展一定是一条必然的出路，但"迫于无奈"的说法则有点刻意而为之，只是说京东缺乏的东西，BAT（百度、阿里和腾讯）都有，与腾讯合作，必然能提升京东的竞争实力，而腾讯也希望能借助京东的平台丰满自己的羽翼，二者都没有非谁不可，都不过是各取所需而已。

微信或许会是
"真·杀手锏"

竞争要义
最好的出场，就是在低调的状态下来一个华丽的转身。

延伸阅读

如果说马化腾的 QQ 改变了一个时代，那么如今的微信就是在延续腾讯的神话。今天，微信的官网已经放出了一句话，叫作："微信，是一个生活方式"，由此也可以看出，腾讯对待微信，绝对不是玩玩而已。

这里就不谈微信的历史了，从最初的聊天工具到今天的万能平台……笔者考虑了一下，万能平台虽略夸张，但也基本属实。低调的微信完成了华丽的转身，摇身一变成为腾讯的头号杀手锏。

2013 年 8 月，腾讯正式对微信进行升级，推出了游戏、移动支付系统、商品条码扫描功能、街景扫描功能等。这些功能刚一推出就让马云坐立不安。特别是在 2014 年春节，马化腾将电子钱包与微信捆绑在了一起，向马云扔了一个红色炸弹，直接让马云整整一个新年都不得安生。对更多的同行竞争者而言，马化腾的微信就像是一则有利的宣言，向同行的人们表达微信的野心：谋划将用户变成消费者，完成腾讯平台的完美转型。

新推出的街景扫描功能已经体现出微信基于地理位置的 LBS 商业化应用的雏形。换而言之，有了新的微信，人们可以拿着手机，走到哪儿，扫到哪儿，消费到哪，让移动消费越来越方便，将人们的网上消费彻底从 PC 机上解脱出来。

当然，微信能做的并不只有这些而已。2014 年 9 月 14 日，微信钱包悄然升级，拿着微信也能"刷卡"了，这无疑是对阿里支付宝"刷手机支付"的直接回应。初期，开放微信"刷卡"功能的只有 9 家线下指定商铺。不过，微信团队透露，只要是线下有收银需求的商户都可以开通刷手机支付。微信方面并未对商家的规模进行限制，并已取消了微信支付的保证金。这也就意味着，微信敞开了"刷卡"的怀抱，欢迎众商家的加盟。腾讯的举动似乎在向人们证明一个观点：小额消费支付，微信或许更方便。

对于微信这一全新的功能，有专家表态："腾讯和阿里两家在技术上都不存在明显的优势，未来的推广如何主要看支付场景的构建，也就是地推团队和线下商家的合作进展。支付宝更偏重支付的实用性，微信支付则在社交用户黏度方面更擅长。"因此，到今天这个地步，或许我们能够更好地看懂马化腾的局：不管是 QQ 还是微信，马化腾都是"醉翁之意不在酒"。

不管微信开发出来的下一个新功能是什么，都已经改变不了微信是腾讯最大的"杀手锏"这一事实。对于这样一个"秘密武器"，马化腾似乎还有所保留。小马哥究竟有什么样的打算？我们或许不得而知。但我们相信，微信破茧，大展拳脚的那一刻应该是越来越近了。

Business Develop

阿里最近的上市风波闹得沸沸扬扬，早在十年之前就完成上市的腾讯似乎表现得非常淡定，坐拥"中国互联网股票龙头"的腾讯表示已经不想玩上市这个概念了。然而，阿里一旦完成上市，就将成为中国当之无愧的首富，能与之一战的马化腾真的就没有一点表示吗？

根据工信部的统计，微信在国内市场拥有超过 4 亿用户；而腾讯总裁刘炽平则表示，海外微信注册用户已超过 7000 万。因此微信今后有望成为腾讯强大的创收渠道。如果微信在每次下载游戏的过程中收费 1 元，那么每天创造的收入就可以达到 8000 万元。腾讯就不想用微信来做点什么吗？

无风不起浪。有消息称腾讯有一个初步的计划，即推动微信与母公司一同在香港联交所上市，但又有业内人士建议，在新加坡上市或许更加容易。也有消息称腾讯计划将微信分拆到新加坡独立上市，并且已经在新加坡成立了一家办公机构，处理微信在新加坡的公开招股事宜。腾讯在马来西亚和新加坡市场的区域经理路易斯·宋则透露了一个关键信息："从今年初以来，腾讯已经在东南亚地区开展一系列活动，以拓展公司在该地区的影响。"这很容易让人联想到什么。

然而，腾讯对此却回应称"此为不实消息，我们不清楚这个市场传闻的来源"。腾讯这么说其实也在笔者的意料之中，事情没成之前就炒得沸沸扬扬也不是马化腾的一贯作风。微信是腾讯的一号战略产品，在腾讯没有遇到大麻烦的时候，估计马化腾仍旧会保留这颗最具战斗力的棋子。

虽然马化腾按兵不动，但业内人士也隐隐感觉到了什么：新版微信上线后，微信很有可能一举超越阿里巴巴，成为最大的移动商业平台。

隐约可见却又扑朔迷离，或许这是竞争者们最让人玩味的地方了。

【世纪支付大战】一场尚看不清分晓的恶战

■情报分析：跟钱有关的都是问题，钱能解决的不算问题

都说"谈钱伤感情"，因为俗气；可谈感情吧，又伤钱。钱的纷争，自古就没有消停过，哪怕再讨厌它的人，兜里也得揣着几张。

马云和马化腾如今打得不亦乐乎，什么移动支付入口之争、业界标准之争、话语权之争等各种名义层出不穷。笔者认为，这场架的本质就是为了钱。为什么要抢移动支付？因为这玩意儿未来能赚钱，在赚钱的同时，顺便还能推动社会的发展。这是一个优秀商人的正业。曾经的淘宝、QQ、支付宝、微信等等，都是如此。不同的渠道，赚不同的钱而已。

赚钱是对的。马云更是说过，商人不赚钱就是不道德的行为。在这个基调上，一切跟赚钱有关的问题都是大问题，不可小视。但赚钱肯定要遇到重重阻碍，而钱又是最有效的解决手段，因为人人都想赚钱。在不差钱的土豪眼里，钱能解决的问题都不算问题，所以砸钱给打车补贴、买这个公司收那个公司、技术投资研发等等，都是理所当然的事情。

"宁可错投十亿，不想错过机遇"是二马本次干架的共同宗旨。2014 年的前 6 个月，马云投资 300 亿，马化腾投资 200 亿，这种举动给笔者的感觉就像是办大事之前，要请朋友同事吃顿饭一样，大张旗鼓地张罗了一番。

这一架，马云和马化腾准备怎么干，我们且顺着时间往后看。

二马的局：
出租大战挑起"新华山论剑"

竞争要义

一切先机都是抢来的。你要跟我抢一样的，那就干一架吧。

延伸阅读

马云自诩"风清扬"，但因有些抽象的外表和琢磨不透的举止，人们更爱称之为"外星人"。马化腾低调行事，虽然没有自诩过自己是什么人物，但因为专注于"宅"，在暗处指挥作战而得名"马帮主"。

自古英雄多寂寥，这两位至今还打得不可开交，说明双方都还有待修炼，方能问鼎业界之巅。从 2005 年淘宝拍拍的针锋相对算起，二马交锋即将走入第十个年头，随着时间的推移，战况也是愈发激烈。一场因移动互联时代的支付入口而起的"新华山论剑"不久之前刚在马云与马化腾之间火热展开，其后续影响直到现在也没有真正消停。

2013 年 12 月，一阵寒流由北向南扫过神州大地。一时间，大部分城市的市民纷纷换下秋装，迎接冬天的考验。气温在逐步走低，而两款分别叫作"快的打车"和"滴滴打车"的软件却在逆天气而升温。为了吸纳更多的用户使用自己的软件，滴滴打车和快的打车使出了相同的招数——打车给补贴，让司机端和乘客端享受双重补贴，而且额度高达 28 元。

"打车还能拿补贴"，这无疑成为当时最新鲜的事情。很多曾经下载了打车软件的用户开始打起了自己的小算盘，以广州为例，2014 年，广州出租车起步价 10 元，起租里程 2.5 公里。而根据快的打车与滴滴打车在 2014 年 1 月推出的活动，使用"快的打车"的乘客使用支付宝、使用"滴滴打车"的乘客使用微信支付车费的话，乘客可以享受 10 元打车补贴，即在 2.5 公里的里程内，打车是完全免费的，比坐公交车划算多了。在一段时间里，笔者的社交分享圈中经常能够见到好友晒"幸福"，诸如："今天打车没花钱，真是太赞了！"一类的消息，笔者表示早已看腻了。这等"天上掉馅饼"的好事也吸引了很多没有用过相关打车软件的消费者。很多市民表示愿意试一试——"反正坐车有人补贴"。

在这股尝鲜力量的推动下，很多业界人士闻到了市场的蛋糕香。"快的打车"和"滴滴打车"更是不断升级战术，调整补贴额度，并且配合相关部门的政策，最大限度地推行补贴政策，到后面双方甚至各出奇招，推出了送"热门游戏顶级道具""安装就送啤酒"等稀奇古怪的营销方式，只为让各自的打车软件能够走得更远。

"你升我升，你降我降"，从最开始的群雄逐鹿到两家之争，"快的打车"和"滴滴打车"的争夺战足足打了半年。随后，随着相关市场监管部门的介入，对打车软件的使用进行了干预。竞争渐趋理性的两家公司也开始对补贴的额度进行逐步下调。直到 2014 年 5 月 17 日，滴滴打车和快的打车两款打车软件同时宣布暂停乘客端的现金奖励，这场补贴大战才算暂时告一段落。

然而，两家之间的竞争却没有至此结束。仅仅过了两周不到的时间，2014 年 5 月 30 日到 6 月 5 日，高德地图又与快的打车联手，推出了"打车用高德，最高返 50 元话费"活动，掀起新一轮补贴热潮。看来，明争暗斗的打车大战还要继续较劲一阵子。

俗话说"外行看热闹，内行看门道"，但是"快的打车"和"滴滴打车"这两款软件背后的推手——马云和马化腾心中所想的道道，行业内的许多大佬也直呼看不懂，并且表示不看好：对于一个撑死了只有几百亿市场份额的具体业务，马云和马化腾为什么要花几十个亿的资金往里砸呢？这是一场土豪之间的实力炫富战吗？

当然，也有一部分业内人士指出："快的打车"和"滴滴打车"这种不计成本的投入是在抢移动支付的入口。移动支付为什么有入口？这是由移动互联时代全新的消费特征所决定的。随着智能手机的普及，越来越多的应用开始走进千万消费者的手机终端，而手机也就成为顾客消费的一大端口。例如：越来越多的顾客选择用手机直接缴纳各种生活基本费用、利用手机购物网站进行日常消费，使得消费的发生地由早期互联网时代的电脑边变成了手机旁，最大限度地提升了消费的自由性。很多商家也嗅到了这一商机，纷纷推出支持手机支付的应用端，并一改以往的优惠促销形式，以手机优惠券取代传统的纸质优惠券。"凭码消费"让更多的顾客享受到了消费的便捷，因忘记带券而不能享受优惠的情况有了很大的改观。

打车软件的火爆，其实主要是因为其本身创造了一个很好的移动支付环境，并且有效地打通了打车者与的士司机之间信息不互通的壁障，为急需打车的乘客提供了方便。另外，打车软件的支付具有"支付资金少、过程标准化、支付频率高"三大特点，这些特点与移动互联时代的消费特征吻合，因此打车软件能够红极一时。

正如许多人猜想的那样，马云和马化腾是"醉翁之意不在车"，而是背后的移动支付市场。早年的时候有门户网站之争，最后门户网站的入口被新浪抢到了；之后又有搜索引擎之争，最后搜索引擎的入口被百度抢到了。如今有了移动支付之争，两个都不缺钱的大佬自然要火拼一番，谁在这个时候退让，谁就等于将未来的市场拱手相让。

根据数据研究公司 IDC 的报告显示：2017 年全球移动支付的金额将突破 1 万亿美元，而中国的移动支付市场也非常庞大，根据央行的统计数据显示，移动支付业务保持高位增长。2013 年，全国共发生电子支付业务 257.83 亿笔，金额 1075.16 万亿元，同比分别增长 27.4% 和 29.46%。

在一块如此庞大的市场蛋糕面前，马云和马化腾纷纷表示"不差钱"，并且相继摩拳擦掌，准备继续"干下去"。

抢滩登陆 O2O：
"土豪式"布局为哪般？

竞争要义

商界就靠钱说话。出手不土豪点，人人想要的机会凭什么跟你走？

延伸阅读

马云和马化腾很有钱，地球人都知道。但从打车之战之后，人们发现：这两人何止是有钱，简直就是土豪。这种豪气，让人连开口说句"土豪，我们做朋友吧"的勇气都没有。二马干架的时候，基本上所有人都在看着，偶有不知深浅的想分一杯打车的羹，结果也只是浅尝辄止。大多数人觉得这场竞争就像是一部不知道有多少集的超长连续剧：感觉播了很久，什么时候都能看到，一直在进行，而且根本没有要大结局的意思。

电商时代是一个容易让人发疯的时代。从最开始的 B2B 到后来的 B2C，现如今又有了 O2O，电子商务的发展可谓是风生水起，形态也日渐多元。作为一个新概念，要赶这一波大潮的商家们纷纷都开始宣称自己在做 O2O，这种叫法似乎比自身所从事的业务更为重要。O2O 如此受捧，它到底只是一个新概念，还是其中另有奥妙？

从字面来说，O2O 即 Online To Offline（线上到线下）。换言之，一切符合线上到线下的电子商务模式，都能称为 O2O。也就是说，O2O 其实现在成为一个泛概念。早期的团购时，O2O 模式就初现端倪。一切团购网站与拥有实体店面的商家签合作协议，只要网站与商家持续合作，那商家的商品就会一直"促销"下去，从而实现了线上到线下的销路。这样一来，那些只要还在团购网上促销的实体店就都在赶潮流，都在玩 O2O。也有人认为一家企业只要兼备网上商城及线下实体店，并且无论线上线下的商品价格都相同，这种商业模式也能被称为 O2O。一些大型专卖店、很多超市便推出了这种线上线下的模式，并且提供本地送货上门、外地快递送货服务。

电商世界的芸芸众生们在精打细算地忙着上团购、建自身网络平台的时候，两位业界大佬则更像两位棋手，静观局势变化，适时出手，搭建自己的攻防体系。"够土豪、不差钱"则基本上成为这一时期的"下棋思路"。除开之前砸了几十个亿的打车软件补贴之外，腾讯与阿里则是各出奇招。打车用微信支付 10 次以上的用户能够得到微信打飞机游戏中的一架"很贵的飞机"，希望以此促成人们使用微信支付的习惯。马云没有飞机，如何应对马化腾的"微信端口大让利"呢？海量商家这一杀手锏成了马云的绝招。2014 年 3 月 8 日这天，37 家大型百货商场、1500 个品牌专柜、230 家 KTV、288 家影院、800 家餐厅在手机淘宝上给出了大量优惠券，其中更有诸多类似 3.8 元看电影这样的折扣，接近免费。消费者拍手叫爽，而业内同行则为这种不差钱的土豪之举唏嘘不已。

然而，跟马云马化腾的终极战略相比，这点投入还只是餐前的开胃小菜而已。2014 年上半年，阿里巴巴完成了 12 笔收购案，行业涉及百货、视频网站甚至足球，并购总金额约 300 亿人民币；腾讯在收购的笔数上紧随其后，为 11 笔，行业涉及游戏、网购与物流平台，金额约 200 亿人民币。纵观二马的投资领域，涉及的行业可谓是五花八门。

马云和马化腾似乎还有进一步的打算，或许这种疯狂砸钱式的投资并没有到此为止。

Business Develop

做 O2O 光有一个模式是远远不够的，还要让线上线下两个"O"之间形成闭环。线上的营销、宣传、推广，要将客流引到线下去消费体验，实现交易。这是 O2O 模式下交易的第一步，还要进行将线下用户的消费体验反馈、线下用户引到线上交流、线上体验等步骤才算是完成了第二步，实现了 O2O 模式的闭环。

表 1-1 阿里巴巴 2014 年上半年投资收购情况：

序号	时间	并购对象	融资金额	所占股权(%)
1	2014.1.23	中信21世纪	13.27亿港币	38.15
2	2014.1.24	1STdibs（美国奢侈品购物网）	1500万美元	
3	2014.2.11	高德软件	11亿美元	72
4	2014.3.8	文化中国	62.44亿港币	
5	2014.3.30	银泰百货	53.68亿人民币	9.9
6	2014.3.31	魅族科技	9亿美元	40
7	2014.4.28	优酷土豆	10.88亿美元	16.5
8	2014.5.1	新加坡邮政	2.49亿美元	10
9	2014.5.18	绿城足球		49
10	2014.6.5	恒大足球俱乐部	12亿人民币	50
11	2014.6.11	UC优视		34
12	2014.6.12	21世纪经济报道	5亿人民币	20

表 1-2 腾讯 2014 年上半年收购情况：

序号	时间	并购对象	融资金额	所占股权(%)
1	2014.1.2	科菱航睿	6000万人民币	100
2	2014.1.15	华南城	14.97亿港币	9.9
3	2014.2.11	大众点评网	4亿美元	20
4	2014.3.10	京东商城	2.15亿美元	15
5	2014.3.21	乐居	1.8亿美元	15
6	2014.3.26	韩国网游公司CJ Games	5亿美元	28
7	2014.3.26	优酷土豆	3亿美元	20
8	2014.3.27	"都教授"经纪公司Keyeast		
9	2014.3.28	小米科技	40亿人民币	20
10	2014.6.4	华彩控股		
11	2014.6.27	58同城	7.36亿美元	19.9

为了早日实现闭环，马云和马化腾之间展开了一场土豪式的抢滩登陆战。

相对于大多数的 O2O 参与者来说，精打细算是必备的功课。作为业界大佬的马云和马化腾，他们则纯粹将 O2O 当成了自身发展的一盘大棋，在每一步的发展上运筹帷幄，"能买就买"成为两大土豪竞争的常用利器。五花八门的并购是基于"两大帝国"之间的特点来进行的。涉足的行业虽然众多，但谁主谁次也是一目了然的。

作为拥有庞大电商帝国的阿里巴巴，电商领域的地位无可撼动，但在移动商务领域，阿里巴巴却有不小的短板。为此，阿里欲借助高德地图，将旗下淘点点、淘宝本地生活等服务平台与高德地图和导航应用有机整合，从商家信息、地理位置、商品信息、支付核销乃至物流配送等方面建立一个完整的商务闭环，以实现阿里布局 O2O 的战略。

与阿里相比，腾讯最缺乏的就是商家资源。为此，腾讯很快相中了在餐饮领域有绝对优势的大众点评。在众多传统业态之中，餐饮属于较容易发生移动支付行为的行业之一。为此，腾讯将大众点评视为构建 O2O 闭环的重要一环。

土豪式的抢滩布局，为的就是抢占移动支付的入口，实现移动支付"一统天下"的伟大梦想。马云和马化腾如此拼命，为的就是试图用自己的支付工具来绑定线上的信息和线下的服务，以尽可能地让移动支付变得更加便捷，从而增强用户黏性。

不管是朋友聚会吃饭唱歌看电影、外出打车买票、在家玩个游戏……只要有花钱的地方，微信和支付宝都能代劳。

对了，马云和马化腾真是这么想的。

停不下来的
"连环封杀"：讲道理？谁理你！

竞争要义
没有什么比活下来更重要，此时的不择手段就是最大的光荣。

延伸阅读

微信这厮一经面市，方便了大众，却搞疯了马云。马云最开始也用微信，但后来就用不下去了。因为每用一次，内心就要痛一次，所以干脆删掉。但是，马云不用微信，还有千千万万的人在用微信。于是，马云决定出手，干预一下这款如日中天的手机软件，特别是马云自己手中的淘宝——淘宝人怎么能用对手的软件做营销呢？

2013 年 7 月底，阿里内部明确表态要"从数据接口剪掉一切微信来源"。这一决议很快就得到了兑现。8 月 1 日，阿里决定对一切淘宝卖家的微信营销账号予以封杀，理由是"卖家涉嫌利用微信营销运用骚扰用户，向用户推送大量垃圾信息"。这一重大举措无疑引来了不少用户的投诉与不满。对此，阿里给出的官方解释是"微信交易存在不可控的风险，阿里此举是为了保障消费者的用户感受以及控制交易风险"。

正当阿里还在为"封杀微信营销公众账号"打扫战场时，腾讯再度出招。

2013 年 8 月 5 日，微信正式推出 5.0 版本。10 条更新内容似乎在向世界宣布，今天的微信和以往已经大不一样了。微信的老用户在看过更新内容后，很快便发现了两个重要的更新：第一，原有的"扫一扫"功能有了颠覆性的改变。根据腾讯的更新内容显示，除了保留原有的功能之外，还"可以扫条码、图书和 CD 封面、街景，还可以翻译英文单词"。第二，新引入了微信支付功能。用户只要绑定银行卡，随后便能"在公众号、扫二维码、APP 中实现一键支付"。

在一般用户看来，这个更新的功能非常便捷。通过条码扫描可以对扫描过的商品进行线上比价，顾客能更直观地了解产品的信息，也让移动支付变成了现实。可是，马云在得知马化腾的微信改进了"扫一扫"功能以及新增了"微信支付"的功能之后，更是直接从座位上跳了起来，恨不得立即让这款软件从世界上消失。

"封杀二维码！必须让它从淘宝世界里消失！"面对这次的更新，马云不管有多上火，我们都能理解：用户既然通过"扫一扫"就能完成支付了，还要支付宝干吗使呢？不过，见过世面的马云还是表现得非常冷静的，细细一想，应对招数便出来了。

面对腾讯微信强大的攻势，阿里官方给出了的公告仍旧那么温情："我们发现有部分卖家通过使用含有外部网站二维码图片这种新的形式，绕开淘宝的正常交易流程或者管理体系，以达到发布广告信息，甚至诈骗的目的，这给消费者保障其平台的交易安全造成巨大的影响。"相比之前封杀营销账号的迅速，马云这次给淘宝网店中的产品二维码更换预留了一个月的时间。对于已发出的含有二微码图片外链的商户，淘宝给出一个月的整改期。在 9 月 10 日以后，如果商户继续发布外链的二微码图片，淘宝将按"乱发信息"的行为对商户进行处理。这项举措意味着阿里将封杀淘宝客们与微信之间的又一个通道。

然而，封杀的伎俩并不专属于马云，2014 年 6 月 23 日，腾讯旗下的 QQ

彩票也开始封杀支付宝。和阿里一样，此举也是从用户体验出发，"迫不得已"而为之："由于支付宝充值后不能及时到账，严重影响用户体验，经决定暂停支付宝充值服务，请各用户采用财付通、微信进行充值。由此给您带来的不便，在此表达深深的歉意，望广大用户谅解！"

我们难以预测下一次封杀的对象是什么，不过我们可以预测，封杀还会继续。

Business Develop

面对阿里和腾讯的"连环封杀"，不少网友感慨道："封杀就是搞垄断！"一时间，阿里粉和腾讯粉之间也掀起了一场口水仗，内容大多都是对方不讲道理。

怎样才算讲道理呢？最讲道理的律师对此又是怎么看的呢？在很多法律人士看来，类似于阿里和腾讯之间这种互不兼容的做法在互联网业界非常普遍，其最基本的出发点都是自身的商业利益。然而，面对电子商务，特别是移动互联时代的电子商务而言，要界定这种封杀的行为是否涉嫌垄断，先要界定相关的市场到底是 B2B、B2C，还是 C2C，后续还要证明阿里在相关市场上是否真正拥有市场的支配地位等等诸多其他问题。且不说别的，能搞清楚第一条的，现在基本上都在忙着抢时代的机遇。搞不清楚的想现在慢慢研究，等研究完，估计这场战斗也打得差不多了，与其花更大的力气去争辩谁是谁非，不如不蹚那趟浑水，抢得时代机遇的一杯羹再说。

阿里为什么抛弃了以往大商家的风范，选择了"封杀"这样一条不太讨喜的道路？原来，腾讯通过 QQ 和微信的多年培养，已经形成了一大批忠实的用户，数据难以估量。一旦微信具有支付功能，加之腾讯本身拥有的社交媒体、移动平台，一个完整的电商产业链就正式形成。就目前而言，还没有一款软件能与微信的营销力量进行正面交锋。"扫一扫"的升级与微信支付的开通无疑给腾讯带来了如虎添翼般的影响。

不过，马云的地位也是一时间难以撼动的，背后海量的商家是腾讯不具备的资源，只有封杀微信才能最大限度地保护好阿里的这片自留地。单从企业运营的安全性来讲，马云的做法也是无可非议的。

"一直在交锋，从未歇口气"的马云这次看到了微信带来的死亡威胁，尽管封杀的道路会受到用户指责，但在短时间内不可能有更好的方式，相比于灭亡而言，留两句骂名也无可厚非。"两害相权取其轻"，或许这是马云的思路。

跟一个直面"生死存亡"的人讲道理：让他放弃生，选择死……你觉得谁会理你？

【历史战况大盘点】那些年，马云、马化腾干过的架

■情报分析：马云"以势借势"，马化腾"见沟填沟"

论打仗，一个将军有一个将军的打法，这其中蕴含了将军对"天时地利人和"道理的充分调用，因而有了"出奇招，胜险仗"的说法。

在如战场一般的商场上，马云、马化腾也有着自己独到的战略。想想那些年，马云靠西湖论剑借势而起，马化腾则是靠翻版国外的ICQ发家的。之后的种种场合，马云都会"现身说话"，就困难就造势解决；腾讯的款款产品，都能找到其"原版"在哪儿，学不会的技术就集中攻克。

大致做一番总结，可以得出马云擅长"以势借势，无势造势"的策略。每年整理马云在各个场合的各种讲话，洋洋洒洒少则数万言，多则数十万言。只要有人讨论，就在无形中对马云和他的企业做了实际的宣传。马云这种"借势营销"的手段可谓是非常精明，效果达到了，钱也省下了。相比之下，马化腾的思维则是"务实派"的代表，做事风格更贴近"见沟填沟、逢山开山"一类，遇到困难多半选择自己消化自己扛。所以腾讯的市场不是靠理念打下来的，而是靠实打实的"用户体验"。

棋逢对手才能久战不酣，这么多年以来，二马之间也没真正分出个胜负。与其判个微弱的输赢，不如学习二者的战术打法，后者可能获益更多。

想当年，
二马之间都很"斯文"

竞争要义

生活上可以斯斯文文，较量时就该风风火火。

延伸阅读

1999 年是一个神奇的年代。它不仅是世纪末年，更是新时代的曙光之年，因为在这一年里，轰动世界的阿里巴巴和 QQ 与世人相见了，而且直到今天，它们都拥有者业内"无法逾越"的地位。谁也没有想到，包括它们的创始人——马云、马化腾。

这两个如今打得火热的男人，最初的交集也许就是"姓马"而已。马云从学校辞职下海创业，马化腾从学校毕业干起了本行。随着中国互联网的慢慢普及，人们渐渐知道了网络上有个阿里巴巴，生活中也有越来越多的人在用着QQ。这似乎是"八竿子打不着"的两个人。

他们俩最初是不认识的，一个在风景秀美的杭州，一个在南国宝地深圳，两地隔着上千公里。随着各自的事业渐入佳境，马化腾的名字传到了马云的耳朵里，马云也知道了这个世界上存在着一个叫马化腾的人。但两个人的性格不同，业务方向也不同，在很长的一段时间里，他们就像两个平行世界里的人物一样，没有交集。

互联网的风暴袭来，扰乱了现有世界的格局。马云、马化腾各自的平行世界也发生了变动，两个人也因此开始了业务上的交锋，第一次有影响力的交锋应该是当"淘宝"遇上了"拍拍"。这一年是 2006 年，淘宝 3 岁，拍拍 2 岁。这次的较量中，性格温和的马化腾居然也拉下面子与他人争吵了起来，这在当时算是闹出了不小的动静。但和如今的态势相比，不过也就是小孩子过家家一般的玩闹而已。

有了淘宝拍拍之争以后，马云和马化腾的明争暗斗就渐渐多了起来。粗略盘点一下，我们不难发现，二马之争可谓是各个领域全面开花。撇去电商平台的淘宝拍拍之争外，还有支付端口的"支付宝财付通"之争、理财工具的"余额宝理财通"之争。有些产品之间并没有擦出激烈的竞争火花，但它们面市的任务就是从对手的同类产品中分得一杯羹。比如阿里推出的阿里旺旺就是要模仿 QQ，比如腾讯的"易迅"对阿里的"手机淘宝"。

斯斯文文的架干了这么多年，双方都变得更为强大了。在公开场合上，二马都表现得非常大度，认为适当的竞争有益市场的发展，但实际中却都铆足了劲儿，拼尽全力地守护自己的市场蛋糕。再这么斯斯文文地闹下去，还能不能愉快地干架了？

所以，二马今年都一改往日的形象，甩开膀子决心大干一场，这随即引来了业界人士的强势围观。虽说看热闹的永远不嫌事大，但话说回来，干架不就是为了赢吗？不狠又如何能赢呢？二马其实深知这一道理，不是不狠，时候未到而已。

Business Develop

有人说二马这场架早该打了，因为一山难容二虎。

马云和马化腾并不这么看。支付宝和财付通的战争打得并不算火热，但这场战争背后的局却铺得相当宏大。在马云和马化腾看来，狠是居于第二位的，稳才是第一位的，至于斯斯文文，纯粹是做做样子的。

作为第三方支付这个新的圈子，支付宝和财付通都有着自身的特殊性。最大的特点就是背后的公司平台广阔，实力雄厚，能够获得诸多直接且有效的资金技术支持。在业界人士看来，支付宝与财付通这两家公司有着"用户黏性高""新用户转换成本低"等优势，如支付宝依靠强大的淘宝平台的支持，而财付通因为与"QQ钱包"实现了一键转换，从而巧妙地将QQ用户与财付通用户捆绑了起来。2010年，支付宝注册用户突破3亿，财付通公布的数字是1.5亿。这是业界其他公司所不敢想象的成绩。而这刚好是阿里和腾讯构造大格局迈出的最关键性的一步，没有支付宝和财付通的强大地位，就不可能抢到如今电子钱包支付入口的先机。

虽说这其中有不少运气成分，但更多依靠的是公司自身的实力。支付宝与财付通确实都"占尽先机"，但这并不意味着二者就有能够绝对领先的优势。支付宝也有运转受阻的时候。支付宝在这一年创下了3亿用户的纪录，但也遭遇了用户体验欠佳的诟病。财付通虽然在用户体验上稍胜一筹，但注册用户数量上勉强够到支付宝的一半，也让公司的高层轻松不起来。

注资与技术支持永远只是让公司强大的一部分，核心的部分还是在企业运作本身。支付宝凭借着海量的用户规模已经跻身成为当前全球最大的移动支付厂商，但这并不能说明支付宝就能高枕无忧了。有着"用户体验欠佳"的前车之鉴，支付宝要走的路还有很长，强化用户黏性依旧是支付宝要重点研究的课题。为此，支付宝公司副总裁樊治铭说道："以前科技公司都讲微软，但是雅虎出现，微软错过了互联网第一波，当初的搜索平台出现，结果雅虎没有创新，Google出来了，谁想到现在Facebook出来了，为什么新人能够迅速实现颠覆？就是因为第一创新，第二紧贴于互联网的用户体验做得好。"

在这一基础上，支付宝与财付通都拿出了自身的应对策略，通过平台化的思路增强用户的黏性。如支付宝就是以类似"网关"的服务，提高用户账号与银行卡的兼容性的方式来获得更好的用户体验。而财付通则不断引入贴近用户基本需求的应用，提高用户的使用频次。在改善用户体验的同时，两家类似的公司，最终却进化成了两个不同的平台，两家的竞争一直不温不火。从表面上看，支付宝与财付通一直都是"井水不犯河水"的状态，但实际上，一场世纪大战早已从此开始发酵。

　　"斯文"的实质是先礼后兵，就像暴风雨来临之前的一刻，往往异常宁静。

开始叫板：马云搞成了"淘宝"，
马化腾抄出个"拍拍"

竞争要义

敢"叫板"的人一定都有两把刷子，哪怕是虚张声势的刷子也不要小瞧。

延伸阅读

淘宝一直都很好，甚至可以说是好到让人看不懂，马化腾就是其中之一。如果必须要说一件马化腾如今觉得最后悔的事情，那必须是放弃投资淘宝。2003 年 5 月 10 日，一个在当时算是颇具颠覆性的网站——淘宝网正式上线。也正是从淘宝开始，越来越多的人知道了网购这个概念，并且逐渐接受这种全新的消费方式。擅长营销的马云和当时做阿里的时候一样，希望将淘宝的理念传播出去，并且顺便拉点投资，使企业能够更好地运作起来。

马云当时找了很多人来商量投资淘宝的事宜，其中就包括马化腾。当时马云希望马化腾能够投资，并给予 15% 的淘宝股份。马化腾当时并不明白这其中的意义，认为淘宝的前途"只有这么大"，面对这样一个"小公司"，占 15% 的股份又有什么意义呢？要是 50% 的股份说不定还可以勉强考虑考虑。由于和马化腾没有谈妥，马云就想其他的办法去了。10 年之后，也就是 2013 年，马云、马化腾再度聚首时，马化腾心痛地表示道："自己肠子都悔青了。"

马化腾在这件事情上虽然表现得有点后知后觉，但也绝非是在 2013 年说场面话的时候才真正醒悟过来。其实在 2003 年与马云谈过不久之后，马化腾就明白了这其中的损失，可这个时候再回过头去找马云，未免太丢份，所以马云既然搞成了淘宝，马化腾就要搞出个拍拍。没搞过怎么办，那就抄一个！除了名字叫拍拍，其他的都是淘宝。

2005 年 9 月 12 日，腾讯拍拍网上线，半年之后便投入正式运营。拍拍的成长速度很快，仅仅用了一年时间，就已经与易趣、淘宝共同成为中国最有影响力的三大 C2C 平台。然而，拍拍并不满足于此，而是针对淘宝等竞争对手的收费策略打出了"免费"的口号，用"免费"挖走对手的墙脚。比如：淘宝利用搜索技术，对商品搜索排名进行竞价收费。这原本是淘宝尝试的一个新的盈利方式，拍拍则立即推出一项类似的技术，而且完全免费。除此以外，拍拍还给自己冠了一个"中国最大免费个人交易平台"的头衔，以"免费"的噱头博市场。在拍拍的强劲攻势下，很多淘宝的用户纷纷转投拍拍，这让当时的马云连着好几天都没有睡着觉。

好在淘宝并没有放弃。截至 2013 年，淘宝网的注册用户数量超过 5 亿，日均固定访问量超过 6000 万，每天平均在线商品数量超过 8 亿件，平均每分钟售出的商品数量达到了 4.8 万件。如今的淘宝业绩喜人，它的成功已经不仅仅表现在一连串漂亮的数据上，更表现在人们的日常生活里。"亲"这个字平时一般是不单用的，但有了淘宝之后，"亲"可以单独用来打招呼了。换言之，淘宝不再仅仅是一个商品售卖的平台，"淘宝"二字本身就是一种强大的影响力。

然而，拍拍也不甘示弱，在经历了一段时间的低调之后，如今已与京东整合，电商第一梯队的态势因此重新发生了转变。淘宝与"新拍拍"之间的竞争也将重新开始。

Business Develop

马云早就不在乎拍拍是不是抄出来的了，他更在乎的是，这个仿制品给正品带来了前所未有的压力。

回看 2006 年的淘宝拍拍之争，拍拍完全复制淘宝的模式，用免费的政策打压淘宝，并且从淘宝内部大量挖人……这种步步相逼的方式让当时的淘宝网总裁孙彤宇十分恼火，并且与马化腾吵得不可开交，场面激烈到连马云出面，让网易创始人丁磊出面调解都无济于事。最终淘宝以牙还牙，用同样免费的模式强行将拍拍的势头给打压下去，这才让淘宝拍拍之争告一段落。

时代总归是在不断变化着的，电商平台一役，马云可以说是完胜，但无线时代以迅雷不及掩耳之势袭来，马云和马化腾都不想落于时代之后，因此再度争了起来。二马在 2014 的上半年像买菜一样地四处收购，为的就是广撒网，先占位，以备不时之需。

然而，在这场大并购中，马云马化腾双方也都保持着高度克己的理智，一方面表现在各取所需，另一方面则表现在抛弃累赘。"一直在模仿"是腾讯的一大优势，但模仿并不是搬一个模式，在电商的实际运作方面，马化腾跟马云相比，的确还是差了些许火候。不成熟的事物不能变熟，就只能变成成熟路上的绊脚石。所以，面对抄出来的拍拍，马化腾则联手京东，玩起了大清理，丢掉负担，将回转得来的资金放在更有把握的领域，全力备战移动互联网。

相信在多年来腾讯"从未被超越"的精神支持下，马化腾会找到一个新的角度，带着"拍拍"或是其他的新事物卷土重来。此刻的马云更加不能大意，拍拍虽然是暂时退居二线了，但"新拍拍网 3 ~ 5 年内都不以盈利为目的"的口号却不能不提防。与其相信这是一个示威，不如将其看作另一个预警的信号——马化腾仍旧是最具威胁性的对手，但马云的对手绝对不只是马化腾一个了。

"Wechat" 没啥意思，
马云决定 "来往" 一下

竞争要义

有时候坐不住也是件好事，坐住了，机会说不定就过去了。

延伸阅读

2011 年 1 月，一款叫作微信的应用程序开始上架。早期的微信功能非常简单，不过就是换换头像，发发照片，通过 QQ 号来导入现有的联系人资料而已。笔者当时也不明白这样的一款软件究竟有何用处，跟手机 QQ 相比，微信的作用实在太弱，因此当时也就没有太过关注。直到有一天，突然发现身边的朋友渐渐都开始用上微信了，笔者才知道，原来微信在几个月的时间里有了飞速的发展。除了既有的功能之外，还增加了即时语音对讲功能。是的，笔者就是从这个时候正式开始加入微信大军的。

微信的功能在不断完善中。漂流瓶、朋友圈、视频通话等功能逐渐添加进来，让用户体验更为完善。然而，微信并不仅仅只有这些而已，从某种程度上来说，微信更像是一个披着聊天交友外衣的互联网信息平台，特别是当扫一扫和微信支付开通之后，微信的功能就更为强大了。

从 2011 年 1 月面市，到拥有 1 亿用户，微信用了 433 天，而当微信面市

2 年半的时候，它已经拥有了 1 亿海外用户了，"Wechat" 这个英文名也火到了国外。如今，微信的日均活跃用户占到了中国人口的四分之一，可以说微信是继 QQ 之后腾讯的又一神作。

微信的发展势头就像富氧河水中的水草，一下就长满了整条河道。这种旺盛的生命力让马云如坐针毡。一向玩电商领域的大佬也决定搞一搞网络通信事业，开发一款即时聊天软件。"来往"就是这么来的。

作为一款和微信类似的产品，先不说如何超过微信，哪怕要和微信平起平坐也要有自己的亮点，所以来往就添加了很多微信没有的"新鲜功能"。"阅后即焚"则是来往推出的一个亮点。根据来往的官方说明，使用这个功能的时候，"页面上会出现一个 10 秒阅后即焚的图标，点击该图标即可发送阅后即焚图片。接收方必须长按图片才能查看，为了防止截图，接收方一旦松手图片即自动焚毁。该图片最长可以查看 10 秒时间，只要达到 10 秒，即使接收方继续保持长按，仍然会被焚毁"。

除此之外，来往在推广方面也针对微信的弱点故意布局。如使用淘宝客户端购物和使用"来往"聊天将不再产生任何流量费用、500 人的海量群聊、率先推出了语音转文字功能等。

有备而来的"来往"自然是"来势汹汹"，未经证实数据显示，仅仅在 2013 年 10 月 21 日这一天，来往就新增了 524 万用户。

马化腾自然看到了这一点。他有何行动呢？10 天以后，也就是 11 月 1 日这天，腾讯在其微信产品中全面屏蔽了来往的动态分享。以牙还牙，这是马化腾的招式，不高调，但奏效。

Business Develop

微信对来往——这是一场真正的利益之争，不仅关乎现在，更关乎未来。

前面提到过，早在微信添加"扫一扫"和"微信支付"这两个功能时，马云当即宣布，在阿里内部要封锁微信的宣传。不知马化腾在开发微信这一全新的功能时具体是怎么想的，在马云看来，马化腾就是来砸场子的。原本老老实实做社交的微信现在居然打起了支付宝的主意，这可是马云电商帝国的一根顶梁柱，触及马云本质的利益了，马云当然要发火了。

现在已经很难判定马云在2013年底强推来往，到底跟这件事情有多大关联，但可以确定的是，马云希望用"来往"给马化腾一点颜色瞧瞧。然而，马化腾可没这个耐性。10月底，来往迅速升温，但11月1日，微信就把来往给"封杀"了。

关于这件事情，马云觉得心中特别"委屈"，并且通过来往官方发表了一则声明：

今日上午，很多用户通过不同渠道向"来往"团队反映，在今日来往发放6000万红包的活动中，用户通过来往分享到微信和朋友圈的内容，普遍无法进入。通过其控制的6亿台手机和软件，腾讯微信用提示用户的手段，称"经腾讯手机管家检测，该网页可能包含恶意欺诈内容，已停止访问。"另有相当用户也向"来往"投诉反映，在被屏蔽的手机上从未安装过腾讯手机管家软件，却也被屏蔽访问。

来往经核实，被腾讯标记"恶意欺诈"的页面是一个极简淘宝登录页面，活动页面并无任何危险漏洞。

来往方面表示，没想到3Q大战给腾讯带来的最大启示就是通过软件霸权，肆意控制用户、控制电脑、控制手机，封杀用户正常访问互联网和内容的权利，以维系其垄断地位。

在这一来一往的封杀中，马云觉得自己吃亏了。微信打入阿里内部之前，已经经历了两年的长足发展，并且形成了自身的固定用户群体。但来往不同，刚刚起步的来往，迫切需要一个有力的大平台来进行推广宣传，马化腾切断了微信这条路，马云的来往推广自然就少了一条捷径。

不过，马云也是一个底气十足的人，他相信阿里帝国的实力，因此相信在阿里内部也能将来往强推出来。每个阿里员工要吸纳 100 个外部的来往用户，这个馊主意就是马云出的。尽管这个要求略显武断，但笔者却认为情有可原，甚至合情合理。不这么做，马云还有第二条路可选吗？

笔者不知道马云在这件事情上到底紧不紧张，不过至少给大家的感觉，马云像是在玩一般。马云在关闭了个人微信之后，自己也全身心地投入到来往之中，并且声称："我目前通信工具 80% 是来往。我原来认为来往没有特色，不够独特，但现在却离不开它了。因为我最大的乐趣在于帮它成长、完善起来。好产品是用出来的，完善出来的，也许它最大的特色是几万名员工不服输的精神，用愚公之精神去挑战 X 信。"

来往究竟会带来什么样的结果，我们也许真的需要拭目以待了。

马化腾"偷袭珍珠港"，
马云誓言"火烧南极洲"

竞争要义

只要核心优势还在，分胜负的时刻就还没有到来。

延伸阅读

"火烧南极洲"原本是针对微信"入侵"而制定的战略，原文如下：

阿里人，无线物联网的发展是按小时计算的。越有远大前景的东西，越需要当下残酷的执行。一个月没有惊喜结果是可怕的，三个月没有结果是要死人的！六个月后的事就是远景了。因为您的朝九晚五的工作方式在 2013 年—2015 年就是自杀。今天，天气变了，企鹅走出了南极洲了，他们在试图适应酷热天气，让世界变成他们适应的气候，与其等待被害，不如杀去南极洲。去人家家里打架，该砸的就砸，该摔的狠狠地摔。兄弟们好好玩吧！微信 IM 本来就不是我们的。把企鹅赶回南极去！动起来！我们 11 月底将清点每个人的努力，我们 12 月的冬季攻势要更猛。明年夏天，我们要看到火烧南极。这是一个每个人都可以参加玩的游戏。去装来往，晚上在来往上三陪聊天，去让世界看到阿里人疯了。让他们知道疯了的阿里人是如何的！让企鹅知道，来往不是易信！

然而，让马云万万没有想到的是，就在他实行"火烧南极洲"的大战略时，自己的后方却被马化腾华丽丽地偷袭了。这场偷袭来势不小，2014年春节前夕，马云度过了一段不眠的冬夜。确切地说，2014年春节，马云可能没法安安心心地吃上一顿安心的年饭。一切要从那年前就红遍大江南北的"微信红包"说起。

2014年1月27日，一款叫作"微信红包"的应用出现在了腾讯的微信平台上。微信用户只要开通了财付通并且拥有微信，便能通过关注公众账号的"新年红包"的方式，向微信中的好友派发红包或者"索取"红包。一时间，过年时的红包习俗被搬到了网络上来，引发了很多用户的好奇，纷纷求新体验。"微信红包"就像一种失去控制的病毒一样，快速地在不同的微信圈中传播，仅仅过了两天，微信红包几乎成为家喻户晓的新概念，并且在过年档期中强势占据科技媒体的头条。

根据腾讯统计发布的数据，2014年春节期间，全国平均每个微信红包7.5元，抢空红包的最快速度是1.7秒，发红包最多的"土豪"发了近2000个红包，抢红包最多的人则抢了近800个红包。仅除夕就有482万名用户参与了微信红包的活动，并且创下了一分钟内2.5万个红包被拆解的纪录。

微信红包的扩张速度可能连马化腾都没有预估到，更不要说坐在一旁看着数字飞涨的马云心中的滋味了。相关业内人士在面对微信红包的发展态势时，非常肯定地预测道："总体来看微信绑定量增加30%不成问题，肯定会给支付宝形成压力。"也正是如此，马云才会跳起来说马化腾"偷袭珍珠港"。

其实，早在2014年1月23日，支付宝就率先推出了"发红包"和"讨彩头"的新功能，其实质与微信红包大同小异。然而，支付宝的"发红包"和"讨彩头"功能反应平平，而微信红包却一夜成名，这也是马云心中不平的一个重要原因。

当然，"把火烧到南极去"的大战略不会发生改变，只是马云现在需要多思考一个层面的内容——马化腾已经偷袭到后方了，阿里该怎么办呢？

Business Develop

移动支付成为人们普遍接受的支付方式是大势所趋，这块战略高地可谓兵家必争。电子钱包带来的移动支付方式早已将生活翻到一个全新的篇章，而这种亲密拥抱互联的发展思路更是时代所趋。

2014 年春节，"微信红包"一时间成为轰动业界的新事物，而微信红包能够走红，并不完全是运气所致。支付宝做电子钱包与微信做电子钱包的最大不同在于——支付宝本身不具备社交的功能，因此这一新功能推出之后，并没有引起广大消费者的关注。微信电子红包则不一样，强大的社交圈群体为微信红包的发展提供了一个广阔的平台，在这个基础上，加上过年期间大家发消息送祝福的习惯，让微信红包搭上了一趟顺风车。在天时地利人和的基础上，微信红包想不火起来都难。

除此以外，还有一个重要原因，那就是微信红包的便捷性。这是互联网作用的最直观体现，互联网为社会的发展和生活方式的改变起到了巨大的推动作用，单纯的功能聚集和更新已经无法满足人们日益增长的需求，只有在综合整合的基础上推陈出新，实现数据化网络化的突破，才可能为企业的发展铺就一条全新的道路。换而言之，越便捷，越容易形成用户黏性，从而让产品推广开来。

业内把微信称为移动互联网门票，其中很大一个原因是移动流量的重要入口。从目前的情况来看，阿里确实要多多留意了。据不完全统计，2014 年上半年，微信支付的人数已经达到约 2000 万，并且以每日新增 20 万用户的速度成长，而且微信将与华夏基金、易方达基金、广发基金和汇添富基金四家基金公司展开合作，推出微信版"余额宝"产品，背后则由腾讯旗下的财付通负责运作。从这一点看来，腾讯这次是有备而来，不仅用微信红包偷袭了支付宝，而且在阿里的后方摆阵扎营，联合财付通等平台，向阿里发出了史上最强的组合攻势。

面对重重攻势，阿里也并没有步伐混乱。PC 端积累的电商资源是阿里的基石，这一点绝不能被微信瓜分，至于自己无线端的产品，阿里仍旧需要继续扶持。马云知道阿里的核心优势是什么，尽管腾讯的攻势为阿里带来了不少的困扰，但马云相信，这一场战役的较量才刚刚开始。

第二篇 首富的特性：魅力无限的两位"怪咖"

【起点】英语老师 PK 工科高才生

■情报分析：他们都没想到，原是偶遇改变了一生

偶遇并不是电视剧里面的狗血桥段，有的时候，人的一生就是这么离奇地因为一次偶遇而改变了。

马云最初决定辞掉金饭碗的教师工作是很犹豫的，并不像人们所想象的那样"毅然决然"。一天下课之后，马云在校园里遇见了刚从菜场骑车回来，筐里还装着两把新鲜白菜的系主任。系主任语重心长地对马云说："马云啊，英语老师这份工作是很有前途的，好好干啊！"马云一边点头，一边立即打定了辞职的念头——"如果继续在学校待下去，系主任的现在就是我的美好前途……"

至于马化腾那就更不用说了。QQ 一度曾将腾讯吃垮，马化腾也想过将企鹅卖掉。由于马化腾当时"要求太高"，没 100 万不卖，加上马化腾当时并不太懂市场运作，他的胖企鹅挂到市场上根本就卖不出去。养不活又卖不掉的局面让马化腾好生尴尬。好在好友丁磊拿到了风险投资，让马化腾有了将 QQ 运作下去的信心，腾讯也依靠着风投找到了养活 QQ 的底气，因而有了今天的马化腾和他的腾讯帝国。

马云虽然败在了见识，
却赢在了偏执

竞争要义

只有偏执的人才能在这个世界生存。

延伸阅读

如今提到马云，各种褒义身份名字都往他的身上加，比如营销大师马云、演讲大师马云、中国经济商业领袖马云……也不管马云同不同意，反正大家是同意了。特别是在对电子商务的推动这件事上，连比尔·盖茨都对他赞不绝口。也正是在这一片辉煌的成就中，马云成功地用数年时间，将"马骗子"的名号彻底摘除了。

说到"马骗子"，马云其实也是一肚子苦水。马云尝试互联网的时候，中国的网络布局根本不能称为"互联网"，因为联都没有联起来，最多算个"局域网"。此外，马云不懂互联网，中国也没几个人知道互联网，大家对于这玩意儿是否存在都心存疑虑。但马云仍旧坚信自己的眼光，因为他亲眼见证了用拨号上网的方式，花了3.5小时打开了半个网页的"奇迹"。仅仅凭这一点，马云就坚信自己的梦想会有出路。

更神奇的一点在于，马云压根就不懂电脑。直到现在，马云最擅长的电脑技能仍旧是打开浏览器，然后发送邮件。一个完全不懂电脑的人，为什么要辞掉英语老师的铁饭碗工作，然后去搞计算机呢？这其中的奥妙就在于——马云被骗了。

是的，马云入网纯粹是因为被骗。根据马云的回忆，整个事情的经过大概是这样的：

1995 年，马云有一段时间突然从中国消失了。原来，马云在"失踪"的这段时间里去了美国，原因是，一家外国公司当时打算在浙江投资兴建高速公路，因为需要一个专业的英语翻译，因此机缘巧合地找到了马云。随后，马云就被这个神秘的公司带到了美国。然而，等到了美国之后，马云才意识到事情的不对劲——这帮口口声声说要建高速公路的人，整个过程没谈一句与"实际工作"有关的话。渐渐地，马云也警觉了起来，觉得他们可能是骗子，决定不与他们合作。

只身在国外的马云势单力薄，这个神秘的公司发现马云不再与他们"愉快地合作"后，便开始威胁马云，声称要扣下他的全部东西，让他不能再回到中国去。不过马云也是一个聪明人，几经周旋最终还是安全地摆脱了那个神秘公司的尾随，只是这其中的细节马云不想多再透露。

这次，马云吃了见识的亏，轻而易举地被人骗去了美国，并在异国他乡惊心动魄地走了一遭。然而，谁能想到，正是这次的国际骗局，打开了整个世界电商时代的窗口。身在美国的马云并没有及时回国，而是飞到了西雅图的一家网络公司。马云在教书的时候，曾经听外教同事说过"因特网"这个东西，恰巧那个同事的女婿就在西雅图的一家网络公司上班。马云不知道那家公司叫什么，但巧的是，那个时候，整个西雅图市只有一家网络公司，所以马云才没有敲错门，而且还找对了人。

亲眼见到了因特网神奇作用的马云，在回国之后表现得兴奋不已。这也就解释了为什么会发生本节开头的那个场面——用 3.5 小时打开一个网页，并坚信这玩意儿今后能改变世界。当时的 3.5 小时都够从上海跑到南京了，而用这个时间，马云只打开了一个简单得不能再简单的网页。当你的手机花了 3.5 小时还连不上 Wi-Fi 的时候，你还相信这里有 Wi-Fi 吗？当时的人就是这么想的——马云这个大骗子，他到底在搞什么飞机？

如今的事实证明，马云搞了一架大飞机。最初的马云确实吃了见识的亏，但马云最终却赢在了偏执。没有马云当初的坚信，或许今天就不会有这么成功的阿里巴巴。马云自己也认为，中国的电子商务当今火爆的主要原因，并不是今天阿里做得有多好，而是在过去的 15 年里，阿里一直相信，并且从来没有放弃过。

Business Develop

马云为什么偏执？这是一个有源可塑的问题。

马云人生的第一次偏执是高考。从学生时代的情况来看，单论英语，马云绝对是学霸级人物，可将数学加进来之后，马云就变成了彻头彻尾的学渣。由于有一个拖后腿的数学在捣乱，马云的高考考了三次，最终成功晋级，步入专科进修。

第二次偏执是从教。马云英语非常好，因此大学就靠着英语"混江湖"，并且最终留在杭州师范学院，当了一名英语老师。然而，性格有些高调的马云与传统的教师形象有些格格不入，讲课的风格方法也与一般的英语老师截然不同，当时有个老师随即评价道："照马云这么教，他在教师界绝对做不过5 年。"结果，马云从 1988 年干到了 1995 年，其间还被评为"杭州市优秀青年教师"。

第三次偏执是下海从商。中国互联网没有市场，中国做电商赚不了钱，外行人干不了这档子事儿……在一连串的否定和打击中，马云开始了自己的下海从商生涯。从杭州到北京，从北京回杭州。虽然期间波折不断，但马云终究是将阿里巴巴做出来了，而且直到现在，阿里仍旧在壮大。

2013 年，马云在韩国首尔大学做演讲时讲道："今天，当你还是'小'时，想法要'大'，做事要'细微'。当你变得'大'时，要想到'小'的，多做点事。我们的规模，阿里巴巴这么大，要想到创造就业，帮助贫穷地区富起来，改变中国的环境。"

偏执容易让人变得有气场。目前的中国需要马云，更需要阿里巴巴这样的企业。事到如今，已经很难说，到底是马云把握了机会，还是时代选择了马云。

总而言之，马云赢了。

马云是真不懂：
不懂的人反而机灵

竞争要义

以前书读得多不多没关系，就怕进入社会之后还不学习。

延伸阅读

很多人说马云很聪明，而事实上他是"真不懂"。很多时候马云虽然是"真不懂"，但却非常聪明。

前面提到过，马云其实是个"门外汉"。如今能与马云并肩，或者能与马云较量一番的同行们大都是"科班出身"：腾讯的马化腾是学计算机出身的，百度的李彦宏是海归的计算机专业硕士，并且在世界级的网络公司担任过资深工程师；小米的雷军也是学计算机出身的，并且有着很长时间的软件开发经历……而马云———一介教书匠。

然而，不要小瞧了这位教书匠，他在教书的时候，根本不用愁学生不来听课的问题。马云上的是英语课，和诸多让学生抱着课本按部就班地学习新词、分析课文、讲解语法的传统英语老师不同，马云更喜欢与学生进行口语交流，对于容易让学生犯困的语法和词句，马云往往不做强行灌输，而是讲究熟能生巧。此外，马云也利用自己的长相优势搭配诸多风趣的语言和夸张的动作，让整个班上的学生都能融入到学习中来。相比于做笔记，马云认为，学生笑了，至少说明他在听讲，当学生有兴趣了，课堂就有效果了。马云能评上"杭州市优秀青年教师"并不是因为他有多少荣誉，考过多少职称，而是够聪明——从老师时代就明白口碑的重要性。

当马云走上创业道路时，一个最大的困难摆在马云的面前：虽然马云比中国很多人都先接触到因特网，但这点接触的资料远不能支撑马云的宏伟梦想。自己学是肯定来不及了，所以他需要招纳大量相关专业技术人士来帮忙。"不懂技术没有关系，但必须尊重技术。"这是马云对自己的要求，也是对后来成立的阿里巴巴内所有员工的要求。

关于不懂技术的好处，马云曾经非常得意地说过这样一段话：

"不懂技术，在于我们对技术的尊重，我们没法吵架。如果我很懂技术，我们公司的技术人很就会悲摧，我三天两头会告诉他们应该这样应该那样，因为我不懂，我才会好奇敬仰地看着他们说'就应该这么做'。

"事实上也是这样，阿里巴巴的云计算在中国能够发展成这样，在全世界发展成这个样子，重要的原因是我不懂。这个不是笑话。王坚（原阿里巴巴集团 CTO、阿里云总裁）知道，我们六年以前，整个阿里决定未来的发展方向是哪儿的时候，我们认为数据是未来的方向，云计算是未来的方向。但是到底怎么搞，发展 5K 技术，5000 台机器，登月项目等等，讲了很多名词，我都没听懂，总之我认为这个一定是未来，不管怎么样，咱们一定搞下去。

"但是后来腾讯、百度没搞下去，重要的原因是他们的领导知道这个搞不下去，而我是不知道这个搞不下去。我真不知道这个东西有这么的难，所以只是说了句这个东西反正怎么样，一定得搞下去。网上很多人说，包括我们公司内部也有一大部分人批评说马云被王坚忽悠了，这个云计算是根本不可能实现的，5000 台计算机合在一起，我根本没听懂。但是我认为如果说我们拥有这个，如果能解决社会的问题，那当然应该做下去。"

不懂技术，就少了几分畏难情绪。在马云看来，自己这条最大的劣势恰巧也是自己最大的优势所在。人们一直认为阿里巴巴的技术可能是中国互联网中最差的，百度李彦宏懂技术、马化腾学技术，只有马云什么都不学。诚然，在这样的比较之下，马云的个人竞争优势似乎不大，然而马云却不以为意，没了畏难情绪，整个人的思维就能够活跃起来，脑子也就容易转得快。

马云始终认为，在过去的 15 年里，如果一定要追问马云为什么能成功，或许这是一个不错的答案。

Business Develop

如果说现在的马云与 15 年前相比有了怎样的改变，答案可能有很多，比如：阅历更为丰富，处事更为稳重，钱更多了……要问 15 年里有什么样的东西没有改变，笔者难以枚举，但可以肯定的一点是：关于网络技术方面，马云也许懂得网络发展的趋势，但绝对还是一个门外汉，尽管过了 15 年，这一点就像马云的性别一样，难以改变。

多年来，马云对外提出的口号从来不是"用技术改变生活"之流，而是"让天下没有难做的生意"。马云没有办法深入一线去亲自感受用户体验，而只能转向考虑商业模式、成本控制、用户服务等因素。

"真不懂"的人是混不下去的。从技术层面来看，马云没有办法做到"真懂"，因此只能将懂的方向偏转一下。换个角度来看，马云懂的其实还真不少。早在 2008 年的时候，当阿里巴巴还在为企业未来的发展寻求方向时，马云当即在内部会议上拍板把数据、云计算作为未来方向，这一点与当下的发展态势完全吻合。马云曾经也非常明确地提出过，要让"IT（Information Technology，信息技术）向 DT（Data Technology，数据技术）转变"的概念，这可是让阿里引领技术发展的尖峰战略。没有两把刷子，马云如何能在公众面前气定神闲地朝自己打趣道这样做仅仅只是"胆子大"而已呢？

马云不懂技术，但却擅长做顶层设计和技术战略架构，用战略目标来带动技术的选择与发展。这一点与业内的其他科班领军人们"用技术塑造目标"的干法大相径庭。

不懂技术并不会影响企业的发展，但若不尊重技术，企业一定在未来的道路上寸步难行。这是马云对技术的认识，也是对广大为自身事业正在拼搏的青年们的最佳忠告。

会玩
<u>是入行的一号神器</u>

竞争要义

好工作都是玩出来的。

延伸阅读

"对我来说，现在 QQ 不是工作，是兴趣。"这是马化腾对自己当下得意之作 QQ 的私人定位。当工作成为一项兴趣的时候，也就自然少了许多压力的背负。这是马化腾对自己工作的理解。让马化腾真正"腾"起来的道理，其实正是那句已经被人们说烂了的老话——兴趣是最好的老师。

创业十几年，马化腾似乎一直在保持着自己的兴趣："我感兴趣的互联网产品，腾讯都做了，哪天如果让我遇到更新的，就想着自己的公司也赶快做一个。"如今，马化腾每天的互联网生活非常规律，主要包括：看资讯、搜索、购物、付款、玩游戏。一切生活的需要全部使用自己公司的产品完成。这可不是每个人都有机会做到的，如此美差，做起来怎么可能不带感？

和诸多名气在外的人物一样，马化腾的爱玩气质，早在学生时代就凸现出来了。与诸多企业家的出身不同，如今家财万贯的马化腾，求学时期的日子过得并不宽裕。马化腾的老家在广东潮州，在上个世纪六七十年代的时候，马化腾的父母相应国家的号召，主动申请去祖国当时非常艰苦的海南工作，马化腾因此而在海南岛降生。当时的海南经济还非常落后，生活条件和沿海地区相比有很大的差距，文化氛围就更不用提了。

马化腾从小就对天文知识很感兴趣，在读书期间，一直没有中断过对天文的喜爱。虽然家庭的财力有限，但马化腾父亲对儿子的兴趣爱好也是力所能及地予以支持。只要是马化腾喜欢看的书，父亲就会一直订阅，一订就是二十年。然而，这种支持后来因为一款"昂贵"的望远镜而产生了波折。已经步入发烧友阶段的马化腾看中了一款900多元的天文望远镜，这个价钱相当于马化腾父母二人当时差不多九个月的工资，考虑到维持生计的艰难，马化腾的父母拒绝了这条"无理要求"。

一次偶然的机会，马化腾的母亲在整理儿子东西的时候，无意见到儿子在日记里写了这样一段话："我想买个天文望远镜，但老爸老妈不让，未来一代科学家就这样被老爸老妈扼杀了。"这段话对马化腾的父母触动很大，两人合计了一阵后，咬牙将那架望远镜买下了。好在马化腾并不是一个三分钟热度的人，兴趣的推动让他一度想报考天文专业。后来在家人的齐力劝说之下，马化腾以超过重点线100多分的成绩进入了深圳大学。

马化腾学的计算机专业，并且很快喜欢上了这个全新的领域。通过自己的努力，马化腾每年的考试成绩都能位列学校的前五名，并且以一种全新的方式感受到了天文所没有的乐趣。

不过，天文仍旧是马化腾最大的业余爱好。进入腾讯之后，马化腾也从来没有放弃天文。至今，马化腾的办公室里仍旧摆放着大量的中文外文天文杂志，腾讯内部也有几个天文爱好者，闲下来，马化腾会和这些同事一起看看星空，谈谈天文。

笔者在想，按照马化腾"兴趣就是工作"的思路，未来出一个"QQ天文台"，或许也不是什么让人惊讶的事情吧。

Business Develop

马化腾爱好广泛，任何一项工作都靠兴趣支持。而兴趣的这种支持作用，也是有其心理学依据的。在心理学上，兴趣是指一个人力求认识某种事物或爱好某种活动的心理倾向，这种心理倾向是和一定的情感联系着的。一个人如果能根据自己的兴趣去设定事业的目标，他的积极性将会得到充分发挥，即使在工作中历尽艰辛，也总是兴致勃勃、心情愉快。

马化腾就是玩着玩着入行的。

应着时代的趋势，马化腾当时选择了计算机专业。这一符合深圳当时工业主流的专业很快激起了马化腾的浓厚兴趣。求学的四年里，马化腾的"偶像"一直都是 UNIX 操作系统、C 语言领域的大师级程序员。凭借着兴趣的导引，哪怕是枯燥无味的代码编程，马化腾也学得津津有味。为了尽快地学会这项技术，马化腾甚至采用了"最笨的方式"——反复抄写，以此来培养自己对代码的感觉。很快，马化腾的计算机水平有了突飞猛进的进化，甚至到了能用技术帮学校机房的电脑清除病毒的地步，当时很多的机房老师也做不到这一点，因此马化腾也破格拥有了"免费上机"的时间。当然，有着一技之长的马化腾有时也爱调皮捣蛋，为了最大限度地维护自己"免费上机的权益"，马化腾还自己编写程序将机房的电脑硬盘锁住，这让机房的管理老师常常哭笑不得。

这种"表面专注于玩，实质专注于学"的精神给马化腾的事业带来了极大的推动作用。直到现在，马化腾每天都还会花大量的时间和精力，来体验公司的产品和服务。小米科技 CEO 雷军曾对马化腾评价道："世上能有几个人做到脚下踩着百亿财富，半夜了还淡定地坐在电脑旁边安静地研究产品？"对于业内人士的这等评价，马化腾表现得非常淡然，在他看来这不过就是兴趣爱好而已，只是顺便跟工作挂上一点关系罢了。

拿着金刚钻，
然后到处揽瓷器活

竞争要义

比钱更值钱的资本是实力。

延伸阅读

相对于如今诸多的大学毕业生，从事的工作跟自己的专业没有半点关系的尴尬境遇而言，马化腾算是"门当户对"般地做起了自己的事业。当然，这也与马化腾在学校四年里的刻苦攻读有着密不可分的联系。

1993 年，作为深圳大学的优秀毕业生之一，马化腾并没有选择离开深圳，而是跟当时众多的人一样，决定继续留在机遇宝地深圳"闯一闯"。

90 年代初期，寻呼机是红遍中国的一项通信工具。马化腾的第一份工作就是在经营寻呼业务的润迅公司做的。这家公司在 90 年代的中国颇有名气，是当时深圳乃至中国通信产业的一颗明珠，其"一呼天下应"的广告至今仍让很多人印象深刻。当时的寻呼业务在中国算是高新技术，从事这一行的企业一般都有相关的背景。由于相对垄断，中国最早的这批寻呼企业过的简直就是天堂般的日子。

马化腾凭借着出众的能力，很快成为润迅公司的软件工程师，专注于寻呼软件的开发。由于适应能力快，加上努力学习，马化腾很快就从普通员工做到了润迅公司的开发部主管。这段经历使马化腾明确了开发软件的意义就在于实用，而不是写作者的自娱自乐。在润讯工作期间，马化腾的视野得到了极大提升，并且给马化腾日后的管理带来了必要的启蒙。

然而，学计算机技术的马化腾始终抛不下对互联网的热情，而且马化腾坚信，如果能将互联网与当时的无线寻呼业务相结合，必然能大大改善寻呼机的用途。马化腾做了一个系统的模型，并向公司做了重点推荐。但很可惜，公司并没有采纳马化腾的意见。

坚信互联网未来的马化腾此时萌生了辞职创业的想法。然而，创业是需要钱的，钱从哪里来，成为困扰马化腾的最大难题。1994年，马化腾随大流进入了股市，希望能通过炒股获得创业的第一桶金。选择炒股完全是受大环境的影响，当时的深圳，炒股已然成为一项全民运动。据马化腾的回忆，那个时候的股市，只要进去了就有钱捡："有一家公司的楼下就是营业厅，在营业厅看盘的时候还是5块钱一股，跑上楼找人买股票时，已经涨到了6块钱，下楼时就变成了7块钱。一个上午账面就多了几十万，吃饭都不知道什么味道。"

然而，受自身专业的影响，马化腾并没有变成一个两眼盯着大盘的股民，而是琢磨起了炒股周边的相关事情。马化腾注意到一个细节：有一种安装在计算机上的板卡能通过网络实时显示股票走势，这大大方便了那些希望在家中就能了解股市动态的股民们，有了这个东西，那些股民再也不用为股价的变动不停地跑上跑下了。

看着计算机被应用到实际中，科班出身的马化腾的学习力被激发了。"别人能做，自己为什么不能做？"于是，马化腾和几个朋友开始着手分析市场上已有的各种股票板卡的优缺点，并模仿相关的产品，开发出了风靡一时的"股霸卡"。股霸卡简单实用，一经推出，大受好评，甚至有一段时间在深圳著名的赛格电子市场卖断了货。

"股霸卡"的销售额加上冲天的牛市，马化腾在股市中赚够了资本。然而，马化腾并没有因此而离开润迅公司，他仍然不紧不慢地等待着时机。马化腾对于新兴的计算机事物都保持着高度的兴趣，其中就包括他自己投资建立的慧多网深圳站。

在进入慧多网之后，马化腾仍旧保持着一种研究的心态，做站长的时候就不会把自己当成一名简单用户。关于慧多网的站长经历，马化腾这样说道："做慧多网时，我做到了站长，相当于现在的一个网站。当时我就觉得很有用，觉得这个东西可以提供新的通信方式。以前是 4 根电话线只能 4 个人同时用，现在是可以上万人同时访问互联网，我的舞台就大得多了。"

马化腾的出色实力为他自己提供了诸多的机会。这一点其实跟马云的一个观点是相通的：机会不降临到自己身上，首先不该怪上天不公，而要怪自己不对。没有金刚钻，哪里能到处揽到瓷器活呢？

Business Develop

马化腾很忙，忙着做事。

作为业界的大佬之一，马化腾与比肩的其他人而言有很多的不同。虽然"大佬很忙"是一个不争的定律，但马化腾的忙和其他人相比，还是有很多不同的。比如马云一般在忙着演讲、王石在忙着登山、史玉柱在忙着打游戏……马化腾在忙着什么呢？马化腾在忙着"忙"。

马化腾是技术人员出身，技术人员的成长过程必然要经历一个磨砺到提升的过程。不常磨的枪会生锈，马化腾在创业初期养成了四处奔走的习惯，一则是为了创业筹集足够的资金，二来是到外面转转有些什么样的新技术是他还没有接触过的。

在成名之前，马化腾本人的庐山真面目很少曝光，但他其实也清楚"曝光"的重要性。外人最先知道的也并不是马化腾这个名字，而是他的英文名"Pony"。

当时的马化腾在工作之余，几乎都泡在慧多网上。这个网站也是 90 年代中期，中国的网虫们喜欢浏览的地方，渐渐地，网虫们就知道了慧多网有个"马站长"。"马站长"人气随着时间的增长而增高，渐渐地，马化腾也越来越忙。和现在的互联网氛围不同，当时的网络虽然算不上是遍地有黄金，但宝贵的机遇还是很多的。恋网的都是一些志同道合之人，大家也不因利益关系而汇聚一起，这种交流的形式多靠以诚相待。马化腾和丁磊就是这么结识的。

　　拿着"金刚钻"的人才能捡着这一轮的时代机遇。当然，光有金刚钻也是不行的，还得干活。笔者不喜欢写些陈词滥调的东西，但在此处不得不说的是，成就马化腾的，除了他的专业，真的就是勤奋。那个时代的机遇泽被了很多人，但马化腾至今也只有一个。

【奇异性格】火性疯子 PK 水性隐士

■情报分析：一个天马行空，一个伏地而行

这一回合的较量中，马云频频露脸，马化腾则低调隐身，这与两人的性格有着莫大的关联。

马云是一个理念先行者，做事靠的是"势"。万事开头难，所以马云要傍名流；名流不肯来，那就要画大饼，说漂亮话。比如西湖论剑，马云叫来了金庸，因而顺利地吸引了网易的丁磊、搜狐的张朝阳、新浪的王志东、"中国电子商务之父"王峻涛等业界名流。有了这些人自然就有了关注度，所以加拿大的驻华外使、英国驻中国上海的总领事以及50多家跨国企业的在华代表也纷纷汇聚一堂。当时各大媒体的记者见到如此空前的场面，自然给了大篇幅予以报道。一个外行人搞的内行会就这样开成了，而且反响火爆。

相比之下，马化腾则低调得多，就像QQ产品中的隐身功能一样，一直潜水做事，偶尔看看窗口的留言，了解社会的最新动态。人们知道马化腾，完全靠是腾讯的产品。马化腾可从来没有搞过什么"腾讯论剑"之类的活动，在他看来，有那闲工夫，不如改进一下产品，了解一下用户体验。

正所谓条条大路通罗马，活跃在天地两个世界的人如今也有了交锋，究竟是"以势借势"靠谱，还是"开山架桥"管用，我们且往下细瞧。

战死的还能点评一下，
吓死的就算了吧

竞争要义

光脚的干吗要怕穿鞋的？

延伸阅读

战死、吓死，这两者放一块儿可不等于"横竖都是死"。虽然在结果上都是失败，但二者的性质却有了天差地别。用时下流行的说法来表述就是：战死的，节操犹在，吓死的，节操掉了一地。

阿里旗下的淘宝在发展的过程中赶上了电子商务发展的顺风车，加上国内少有对手予以干扰，淘宝的起步也算比较顺利。然而，就在淘宝举大旗准备向未来进发的时候，却突然"半路杀出个程咬金"，大有将淘宝扼杀在摇篮里的意味。

淘宝是 2003 年 7 月正式成立的。关于淘宝成立的背后，其实有一个小小的插曲。当时的马云凭借着日渐成熟的阿里巴巴，在中国 B2B 领域足以傲视群雄，到了"打着灯笼都找不到对手的地步"了。还没使出全力，就没有对手一起玩了，这未免太扫兴。于是，心里有些不安分的马云开始四处"找活儿干"。

一直以来，做着 B2B 行当的马云，关注的目光就一直没有离开过 C2C

（Consumer to Consumer），而 C2C 当时的王者 eBay 更是马云想仔细学习的对象。这个叫 eBay 的网站成立于 1995 年 9 月，仅用了 7 年的时间，eBay 就拥有了来自世界各个角落的 4200 万注册用户。不管从经验上还是成熟度来说，eBay 都有很多地方值得新生的淘宝好好学习。

然而，eBay 的算盘却不是这么打的。2002 年，eBay 以 1.5 亿美元的价格收购了中国首家 C2C 网站——易趣网。这就意味着 eBay 这条世界巨鳄打算进军中国市场，这对于当时的马云来说无疑是一个重要的警示信号。经过一番仔细的思考之后，马云心中打定了一个主意。

2003 年刚过完农历新年，马云就将手下的 10 名阿里员工叫到了办公室。为确保能有力说服这些人，马云都是挨个儿单独谈话，谈的内容也都大同小异，大意就是：公司有一项秘密任务需要他们去完成，不管愿意与否，员工都必须承诺保密。签订协议后，必须单独与一个团队工作一阵子，这件事谁都不能告诉，包括家人和朋友。经过不见天日的半年奋斗，淘宝如期地在 2003 年 7 月面市了。

"所有的对手出手都可以让我们断一个胳膊、少一条腿，我们的形势非常严峻。我也可以预感到未来 3 年，我们的竞争非常残酷，无论是自觉也好，不自觉也好，我们惊动了全世界最强大的竞争对手。"这是马云对淘宝最初面临的局势所做出的判定，大有"壮士断腕，不死即伤"的舍我精神。但马云没有后退，而是乐观地迎战了："阿里巴巴、雅虎、淘宝、支付宝，如果这 4 个兄弟能手拉手、心连心，互相信任地敞开合作，四兄弟联合在一起，所有的员工围绕一个目标走，我们赢的概率比世界上任何一家公司都大。"

危机往往来自"轻视"。刚起步的淘宝并没有被 eBay 看重，毕竟在 2003 年底的时候，eBay 易趣在国际 C2C 网上交易市场的占有率高达 80%，绝对是该市场的一哥。但淘宝却不是这样想的，保住自己的市场成为当时淘宝人的首要任务。在这样强大使命感的推动下，淘宝的成长非常迅速，很快成为业界异军突起的一匹黑马。这让 eBay 这个试图征服国际市场，然后顺便征服中国网上交易市场的巨鳄有点措手不及——没想到在这个互联网发展刚刚起步的国度上，居然有这样强劲的对手。尽管 eBay 预料到了淘宝带来的强大威胁，但却没有办法遏制住淘宝的快速发展势头。仅仅用了两年时间，eBay 在中国 C2C 市场的占有率就轻松地被淘宝超过，其间虽有波折，但却没有挽回大势，特别是 2007 年之后，淘宝在中国的市场上将 eBay 甩得越来越远，并且处于"一直被追赶，从未被超越"的王者地位。

不过，从总体实力而言，淘宝与 eBay 仍旧存在一定差距，时至今日，在中国市场遥遥领先的淘宝仍旧不敢掉以轻心，eBay 的实力仍旧摆在那儿，稍不留神，实力依旧强大的 eBay 就可能一举反扑。

尽管形势依旧严峻，但却没必要害怕。"宁可战死也不吓死"这句话成为马云当时鼓舞人心的口号。虽然不是原创，但却发挥了非常重要的激励作用。哪怕战死，还能名垂千古，留待后人点评；但如果吓死了……吓死的该算什么呢？套用马云的一句经典名言：光脚的干吗要怕穿鞋的呢？

Business Develop

21 世纪以来，关于淘宝和 eBay 在中国市场上谁能打败谁的话题一直没有消停过。淘宝这名相对的"初学者"始终对对手保持着一颗敬畏之心，而 eBay 这名业界的"老油条"也是精打细算，不再掉以轻心。在合作共赢的主旋律下，2010 年，对战多年的淘宝和 eBay 居然开始"共商大事"，尝试性地进行合作洽谈。此举确实让看惯热闹的无关人士大跌眼镜。

当然，合作并不代表着"握手言和"，更不代表着"从此就是一家人"，不管是淘宝背后的马云，还是 eBay 的总裁约翰·多纳霍，二人心中都盘算着自己的小九九。马云希望借此将淘宝营销给 eBay，借助 eBay 的力量让淘宝腾飞；而 eBay 则看重了淘宝商品的廉价与支付系统的便捷性，希望借助淘宝的力量来进行自身的成本优化。关于各自的算盘，两位大佬也都直言不讳，开门见山地表示了自己的诉求。

约翰·多纳霍说："我认为互联网的最佳领导，是那些懂得去寻找机会、更好地服务客户的领导。有两个机会可以帮助 eBay 更好地服务客户。既然消费者需要低价格高品质的商品，中国又是提供这类产品的好地方，我们可以提供条件让 eBay 卖家在阿里巴巴的采购工作变得更加容易，其实，已经有很多 eBay 卖家从阿里巴巴来进货了。我们可以与阿里巴巴卖家展开在支付系统方面更好的合作，使得美国买家更容易批量购置货物。"

而马云的表态则更加直接："我有两个希望。第一个与约翰讲的类似，我想让阿里巴巴服务所有 B2B 企业，eBay 可以为我们提供支持，eBay 不仅在美国，在世界其他地方比如欧洲都非常厉害，我们可以帮助阿里巴巴的用户和中小企业通过 eBay 的支持直接向欧美开价销售。同时，我认为 eBay 也是我们的消费者，中国有巨大的制造力，我们可以帮这个制造力找到出口。我希望这一天能尽快到来。我们两支团队可以支持这一天尽早到来。第二个希望，就是阿里巴巴和淘宝也能够成为像 eBay 这么稳定、稳健的公司。我们目前面临很多挑战，其实 eBay 过去以及现在也在面对，我希望 5 年之后阿里巴巴和淘宝能够像 eBay 一样强健。"

各取所需，在共赢下各自发展。这不是停战合约，而是以战养战。在不久的将来，二者之间必然会掀起一轮新的较量，一山不容二虎，一场全新的战斗必然会在未来打响。

马云愿当那 1% 的疯子，
因为他们能成功

竞争要义

成功的人都是疯子，很少有人敢疯，因而很少有人成功。

延伸阅读

马云的心中装着很多伟大的梦想。如：做一个中国人办的全世界最好的公司！做一个世界十大网站之一！做一个 102 年的企业！……这些话都不是马云这两年功成名就的时候说的，而是十多年前还一无所成的时候，站在长城脚下的时候，对着苍天喊出来的。据说当时一块儿喊的人有好几个，但马云的底气是最足的。因为马云当时就已经被人们称为"马疯子"了。

马云对自己的疯疯癫癫也有比较深入的认识，他将自己的成功经历归纳成了一个新词——"三子登科"，这个词还是有一定来历的：最开始做商务网站的时候，马云被人说成是"骗子"；电商起步开始拼命烧钱的时候，马云被说成是"疯子"；在大家都不赚钱的时候马云还在坚持做电子商务网，因而被称为"傻子"。面对一系列的贬义词，马云统统领会为"贬义褒用"，众人的"激贬"成为推动马云向前的最大动力。不疯到一定境界还真干不出这事儿。

当然，这背后的经历，马云哪怕上了电视也照说不误，而且还一定要讲得有声有色。

2003年马云在接受《财富人生》访谈时，就被主持人问到了"三子登科"的"典故"，为此马云非常坦然地解释道："被看作骗子的时候也是有的——我们刚好可能是中国最早做互联网的，1995年中国还没有联通互联网时，我们已经开始成立一家公司做了。人家觉得你在讲述一个不存在的东西，而且我自己学的不是计算机，我对电脑几乎是不懂的，所以一个不懂电脑的人告诉别人，有着这么一个神秘的网络，大家听晕了，我也说疯了，最后有些人认为我是个骗子。我记得第一次上中央电视台是1995年，有个编导跟一个记者说，这个人看上去就不像是一个好人！

"那时候我在拼命地推广互联网，在最疯狂的时候大家开始'烧钱'。别人一定会认为：做电子商务的人只会烧钱，不会干事，所以那时候被当作疯子。现在是傻子——这两年你看我们非常执着，我们在做这个公司的时候，是不在乎别人怎么看的。我永远只在乎我的客户怎么看，只在乎我的员工怎么看，其他人讲的我都不听。所以人家说你这个人特傻，人家都转型了，你为什么不转型？"

马云之所以能够声名远播，享誉海内外，这其中有个很重要的原因就是马云的"疯"。早在21世纪之初，马云和他的阿里巴巴的名声就传到了哈佛的校园里。这所西方的一流高校一度认为马云和他的公司被人过分夸大，认为在那个时代中国不可能有公司考核价值观和使命观。性格张扬的马云偏偏听到了这番"传言"，因而将哈佛不相信马云和阿里的教授请到了中国，请到了阿里巴巴来实际坐一坐。马云是个斯文人，没有威逼利诱，但黄头发蓝眼睛的老外们确实说了这样一段话："我来之前觉得马云是个疯子，来之后发现马云果然是个疯子。"

随后，这番话随着国际航班被捎往了美国，于是有更多知道了这样一个事实：远在地球另一端的中国有一个名叫阿里巴巴的疯子公司，该公司有一个疯子老大，名叫马云。

Business Develop

疯人院里的人不会相信自己是疯子的，他们相信外面的人是疯子。一直以来，马云都是"疯疯火火"的，不仅对自己，而且对员工。

"有人说，我的公司是一个疯子公司，我承认。他们说中国99%的公司都不是像你这样的。我觉得我们愿意做1%，因为成功的人都是1%。我希望在我们公司里面能够形成一种企业的'belief'。有一批优秀的同事相信通过自己的努力，能够不断地创造价值。加入我公司的人我不能保证100%，但是我希望有70%的人坚信我们可以让中小企业生存、成长和发展。我们坚信年轻人到我们的公司走的是正道。"这段话节选自马云一篇题为《CEO的本事就是会用别人的脑袋》的讲话。从这一次讲话的标题，我们也能窥探出马云的性格特点——颇有一股"传道、授业、解惑"的意味在其中。马云做了十多年的商人，却没有忘记教师这项老本行。

有一部分人认为，马云的"疯"是一种资本和成功的炫耀，四处宣讲传道也是炫耀其成功的理念。这种观点，笔者并不认同。马云的"高调"在成功之前早已显现，面对巨额的意向投资，马云表示自己不差钱；对于赔钱的电商，马云甘愿烧钱来吃第一只螃蟹；至于交锋强大的对手时，马云更是在战术上重视，而战略上藐视……

种种迹象其实只是印证了马云常说的一句话——不疯魔，不成活。如今，马云成功了，这种习惯却没有改变。马云的本质仍旧是个商人，其决策自然是向利益看齐。马云如今的疯早已成为一项招牌营销手段，但"疯"的背后其实是一种早已进化了的拼搏精神。阿里巴巴之所以能走到今天，也是在疯狂中逐渐蜕化成蝶的。"就像武侠小说里所描写的，"一个有资质的人才总会在一次又一次的比武中得到一些非同寻常的顿悟，进而功力大增"。为什么那些功力一流的侠士们一打就是几百个回合，不吃不喝，如同疯魔一样？

还是那句话，不疯魔，不成活。马云是个疯子，也是个榜样。

野心勃勃，
动力无限

竞争要义
膨胀不了的野心必然缺乏动力。

延伸阅读

时势造英雄。马云的的确确是时势造出来的英雄。"如果我早生 10 年，或是晚生 10 年，那么我都不会有互联网这个机会，是时代给了我这个机会。在制造业时代，在电子工业时代，中国或多或少都错过了一些机会，而信息时代中国人有机会，我们刚巧碰到这个机会，我一定要做，不管别人如何说，我都要做下去。"

马云对自己的野心从来就不藏着掖着。明着暗着，该怎样就怎样。这种心理状态可能是从 2000 年开始转变的。这一年，马云为了阿里巴巴跑上跑下，没少忙活。虽然在 2000 年以前，马云也有自己的一番事业，从最初的翻译社到筹备阿里巴巴，但马云始终认为，那都是做生意的感觉。2000 年以后，马云突然觉得自己找到了做企业的感觉。马云认为，产生这种转变的关键在于对钱的看法发生了改变。

一次马云去日本参观访问，回来后感慨地说道："我去年在日本被当众敲一闷棍，忽然对钱一点兴趣都没有了。我去日本参观了一家企业叫拓板公司，我和他们老板交流：去年赚了多少啊？ 220 亿。我说：噢，220 亿日元。他们说：

不，是美元。这才叫作钱，我们只做了一两亿人民币就牛起来了，距离太远了。拓板公司是百年企业，我们公司员工平均年龄是 27 岁，再给我们 20 年时间，我们也可以了。世界 500 强企业哪家营业收入不是 70 亿、80 亿美元？我们闭嘴！慢慢来。中国今天的企业要有远大的理想，也会有这一天，如果没有理想那就很难了。今天我们说赚了 1000 万、2000 万，我觉得丢脸。"

2002 年的时候，马云的心理状态又有了新的变化。马云果断地认为，一个全新的时代将要到来。在工业制造时代、电子工业时代，中国没有抓住机会，如今，前所未有的互联网时代又带来了一个巨大的机会，这个机会能不能抓得住，对中国的未来必定会产生关键性的影响。马云认为，作为一名相关领域的企业家，把握住这样一个机会，成为自己的责任。

也就是在这一年，阿里巴巴开始正式盈利，"在中国做电商没希望，不赚钱"的观点被一举打破。这家在当时来看非常前卫的企业开始日益受到人们的关注。当人们还在为阿里的盈利模式感到好奇时，马云在接受采访时却说出了下面的一番话："从大的方面说，我真的就想做一家大的世界级公司，我看到中国没有一家企业进入世界 500 强，于是我就想做一家。我觉得中国可以有进入 500 强的企业，我们学得快，在这个过程中，勇者胜，智者胜。"

"进入世界互联网企业前三强，进入世界 500 强，每年赚 100 亿美元"，这是马云的野心。不管什么时候问马云，在这个问题上，马云只有一个动作，那就是点头认可。

Business Develop

"野心"一词，在很长一段时间里，都被赋予了浓重的贬义色彩。如果总结一个人的时候用上了"野心勃勃"一类的词语，总归不是什么特别好的评价。事实上，这个词的负面色彩被过度扩大化了，男人应该要有点野心，想做一番事业的女人也该有点野心。

"就想做一家大的世界级公司。"马云的表述非常有意思。我们一般说自己要做某件小事的时候，可能会用上"就想做……"，比如"我今天就想早点睡觉""我今天就想什么都不做""我今天就想回家"，但马云却刚好相反，提出一个巨大的目标，然后用上"就想做"，这其中的决绝与霸气，无不表现出马云的强大野心——他想凭借着阿里巴巴而跻身世界巨擘之流。

　　当然，仅凭一件事情来定论未免有管中窥豹之嫌。我们可以盘点一下马云历年来提出的"宏伟目标"。

　　"让天下没有难做的生意"，这是马云创立阿里巴巴的时候，向全世界发出的呼喊。在电子商务盛行之前，商品的动销大都依靠传统的途径，渠道缺乏成为商品卖不出去的首要问题，特别是在许多交通并不便捷的地方，即使有优质的商品也无人知晓。再者，高昂的门面费用也使得诸多资金不足、但又有着经商梦想的人望而却步。马云的电商帝国一扬帆起航，结果一不小心就轰动了全世界，连比尔·盖茨都对马云竖起了大拇指。

　　"没有淘不到的宝贝，没有卖不出的宝贝"，这是马云创立淘宝时提出的新目标。为了更好地推动淘宝的发展，发挥淘宝的作用，马云还打出了免费的大旗。因其便捷的销售模式很好地填补了当时商品销售途径的不足，加上商品的售卖成本较传统商铺有了更大幅度的降低，淘宝很快就积攒了大量的人气，不仅吸纳了诸多传统商铺的眼球，更增加了售卖商品的多样性。一时间，"买不到的东西就去淘宝买"成为大众的共识。

　　像马云一样说大话的人不少，但能够将大话变成现实的人却很少，马云是其一。这是马云惹人喜欢的因素之一。虽然马云野心勃勃，且不论其每一项战略的初衷如何，在实际效果上，其大多数的举动的确推动了社会的发展，也让大范围的人得以获益。这是马云惹人喜欢的因素之二。

　　野心不是一个定量的概念，而是一个凭感觉定性的东西。有野心并不是一件坏事，一个人只要拥有野心、梦想与激情，并且永不放弃，他就一定不会失败。总而言之，做事业的人需要一定的野心，你管别人想什么？

有人愿意无偿骂你，
这真是极好的

竞争要义

成功要"听讲"，更要"听骂"。

延伸阅读

一家公司从起步到成功到蜚声海内外，中间除了有源源不断的钞票进账之外，一定也会伴着各种理由产生的滚滚骂名。高调马云领头的阿里巴巴经常遭骂，低调马化腾领军的腾讯也少不了挨批。

抄袭、收费是人们批判腾讯的两大主题，作为一个不善言谈的老大，马化腾自然不像马云一样，讲点鼓动人心的话，搞搞振奋士气的活动，大家扛一扛就过去了，马化腾只是给诸位腾讯的员工写了一封信，让大家理性地看待挨骂这件事：

"我想跟大家分享两个观点：首先，打造开放平台是一项前所未有的事业，在摸着石头过河的过程中不可避免会犯错误、走弯路，会遭受很多指责、批评。

"我们有没有做好这样的准备？面对这些，我们是辩驳还是熟视无睹？我希望腾讯所有人都能记住：学会倾听、接受批评，是人生中的重要功课。我们的原则是：只要是善意的批评，一定虚心接纳坚决改正。既然腾讯要打造一个开放开赢的互联网新生态，我们就要在面对批评时拥有更加坦荡的胸襟。

"我们能否在谨慎前行的基础上把步伐迈得更大一些，带领行业探索更多的技术趋势和商业未来？这些都是接下来需要以实践来探讨的命题。"

近几年闹得最凶的，莫过于知名的"3Q 大战"了。2010 年 11 月 3 日，腾讯宣布 QQ 与 360（360 公司，简称 360）不兼容，原因是 360 的扣扣保镖威胁到了腾讯 QQ 用户的安全。腾讯做出这一举动之后，360 率先发出几封致用户信，认为腾讯利用垄断优势打压竞争对手。随即，舆论的导向很快转向了抨击腾讯。虽然腾讯公司后来一度声称，"不兼容"是不得已而为之，但是并没有获得业界和公众的理解和同情。

"骂就骂吧"，这是马化腾当时的态度。低调的马化腾不善言辞，因而不希望在这件事情上做过多的辩解。和一部分人所想的不同，"3Q 大战"给腾讯带来的最大启示就是接纳批评。这并不是一种置之不理的冷处理态度，相反，面对潮水一般的批评，马化腾坚持着"外部克制，内部消化"的原则来处理问题，通过"骂声"来找出企业运作中的不足。

说到这里，就不得不提腾讯内部的一个特色会议——诊断腾讯。且不说形式新颖，单就这种专门请人过来批斗自己的"自虐"行为，很多人就表示看不懂。"诊断腾讯"最早从 2011 年 2 月底开始举办，历时一个多月，共有 10 场。在这 10 场可以称得上"批斗大会"的研讨会上，一向低调的腾讯高管悉数出场接受各行业专家的挑刺和建议。既然是请人来专门"批斗"，有些话可能就不见得很好听了。然而，马化腾等腾讯的大佬和高管们对此却乐此不疲，似乎在脑中统一安装了"化悲愤为力量"装置，将这些犀利的言辞悉数转化为业界对腾讯的鞭策。这种度量与精神的确不由得让人心生敬佩。

关于找人批评这一点，马化腾曾公开进行了说明："我在网上被骂的机会很多，往往在微博上我说一句话很多人都会骂，所以心理承受能力超过大家的想象，12 年都是这样过来的。我希望各位专家不要给我留情面，提出严厉批评。"特别是在"诊断腾讯"的第九场研讨会上，马化腾还向与会嘉宾发出了"让批评来得更猛烈一些"的邀请。

由于马化腾"水性隐士"一般的性格影响，接纳批评或许也是最符合人物性格的行为。从业十多年，专业扛骂十多年。不可否认，在这般隐忍的道路上，马化腾也渐渐凸显了出来。这种"不鸣则已，一鸣惊人"的角色大多是狠角色，在这一点上，马化腾的战斗力真的不容小觑。

Business Develop

马化腾的性格如水一般随和，但并不代表做事的力度也如流水一般平静。在"诊断腾讯"的研讨会上，马化腾听得多，说得少。

据马化腾自己回忆，"我记了满满三页纸，还是双面的，手都记酸了。但这些不是我个人明白就可以了，还有我们高管层、公司关键岗位的一些领导员工都要明白。"一个性格如水一般平静的人，却选择了效果非常激烈的诊断方式，这确实也出乎了很多人的预料。

属水的人忍耐力强，这也就是为什么相对于其他的互联网大佬而言，更沉得住气。比如马云就绝对不会开设"诊断阿里"之类的"讨骂会"，即使开了，最后也会变成马云的主场。这并不是说马云不虚心认识错误，而是马云只要张嘴了，就很难停下来，而且还无力反驳。

马化腾很低调，该出手的一个不落下，没必要露面的时候绝不出现。这其中的利弊，笔者难以断言。一般而言，太低调不利于成功，但马化腾照样成功了。凡事不绝对，但从马化腾的实际而言，虚心与冷静绝对是一笔宝贵的财富。

【独特魅力】爆骚的风清扬 PK 闷骚的企鹅王

■情报分析：魅力跟长相无关，火星人也能活在春天里

马云，马化腾，很可能五百年前是一家。

经过五百年的沧海桑田，如今二人虽共一个"马"姓，但性格却截然相反，像是活在两个世界中的人。一个其貌不扬，一个长相英俊，但两个人都凭着各自的特点焕发出了强烈的魅力。如果说从相貌和背景等角度考虑，马云和马化腾都要亲自参演电影的话，马云可能更适合出演《中国合伙人》，马化腾可能更适合出演《小时代》。

相对于一直很出色但也一直很低调的马化腾而言，马云的成功算是一个彻头彻尾的逆袭。没有高富帅的外表，没有近水楼台的背景，却铸造了"墙里开花墙外香"的神奇。连"两江总督"都曾惊呼：为什么上海为什么没有马云这样的人物？由此可见，魅力跟长相真的无关，火星人也是可以得宠的啊！

怎样对待初恋，
就怎样坚持理想

竞争要义

英雄般的未来，很可能都要熬过狗熊般的现状。

延伸阅读

几乎每个成功人士在分享自身经历的时候，都会提一句"坚持理想"，至于该如何坚持，每个人都有或抽象或具体的说法。别家之言暂且不论，马云的说法就很形象——要像坚持初恋一样坚持理想。

2013 年 4 月，马云在深圳 IT 领袖峰会上做了一番演讲，向广大的青年创业者们阐释了坚持理想的重要意义：

"我们这些人都坚持对梦想的追逐，都有很好的梦，都有对梦想的坚持和执着。

"不管事业多成功、多伟大、多了不起，记住我们到这个世界就是享受经历这个人生的体验。忙着做事一定会后悔，我不希望自己七八十岁还在公司开早会，我的同事很生气，又不好意思说。

"昨天晚上到得比较晚，晚上跟大家聊得特别开心，回想当年往事，14 年中国互联网发展，我们经历了很多有意思的事情，回顾自己犯过的错误，见过无数奇葩类的人，但这是最美好的经历，人生就是这样。

"我回去后又睡不着，我想 14 年给了我那么多有意思的经验，15 年以后又有什么样的东西可以让我们这帮人再一起吹牛、聊天。

"如果今天不设计好的话，15 年以后一定会很倒霉。我们这批人昨天晚上聊，我们这些人都坚持对梦想的追逐，都有很好的梦，都有对梦想的坚持和执着。

"但是中国的梦，我认为 13 亿人应该有 13 亿不同的梦，所谓中国梦不是把全中国统一为一个梦，因为 13 亿人有不同的梦想才会有今天、明天。

"我今天来不想谈 IT 未来的展望，一会儿留给马化腾、李彦宏这些年轻人谈，我比他们大几岁，男人大一岁就是一岁，千万别跟年轻人比远见，不要跟年轻人比创新，我只讲一些作为我们这个年纪的人观察到、听到的一些事，今天讲讲如何把梦想变成现实，如果梦想变不成现实，就是空想、瞎想，最近讲得最多的就是空谈误国。

"我不是学技术的，我对 IT 真不懂，我也不懂管理、不懂产品，但是我后来发现自己找到了一个地方是可以做的，就是在管理、在领导力、在怎么样把梦想变成现实上，我估计我比绝大部分 IT 人花的时间更多。"

没有谁能比马云更有资格谈"坚持理想"这件事了，从 1994 年对互联网的匆匆一瞥，到如今的世界电商巨擘，马云已经坚持了 20 年。其间的过程并不如大家所见到的那样一帆风顺，用马云自己的话来说，中间经历了不少"狗熊般的岁月"。从被骗到美国去开始的第二年，马云创办了帮助国内企业建立网页的"中国黄页"。两年之后，马云受邀到外经贸部参与政府网站的开发。1999 年初，马云离开外经贸部，放弃了雅虎、新浪的高薪邀请，回到杭州创办阿里巴巴。随后，一晃就是 6 年，互联网行业经历了寒冬，阿里巴巴也遭遇了从海外迁回杭州的挫折，18 位创业元老依然坚守在阿里巴巴的各个位置上。后来，阿里巴巴已经从 18 个人发展到有 1 万多名员工的大企业，引领中国的电商业昂首前行。

如今，马云虽然也面临着诸多难题的考验，但坐在台上，仍旧是那个笑呵呵的马云，这是习惯使然。如果让马云谈一谈创业的心态，他可能不会跟你说一堆大道理，但很可能会跟你说一番实在话："创业者永远要回忆自己的'初恋'，当时你是为什么要创业的。"

当然，笔者还要追加一个细节，马云说这句话的时候，一定是饱含深情的。原因有二，第一，这是他的魅力所在，他没有装；第二，他是用自己的经历在说话，是真心想为创业者好。

Business Develop

只要出现坚持这个词，与之相称的就一定是一个充满艰难困苦的环境。如果是一个舒适而幸福的环境，何苦还要"坚持"，直接享受不就行了吗？

创业的过程无一例外是艰苦的。马云能够感同身受地说出像坚持初恋一样地坚持梦想这番话，必定经历过常人不能坚持的困苦。马云是中国诸多互联网神话创造者之一，但却与其他有着光鲜背景的制造者不一样，马云的出身很平凡，而且专业也不对口，这无疑给马云的起步增加了不少的困难。加上他本身并没有多少钱，创办公司的时候甚至只能把家当办公室，这就意味着，马云必须要更努力地坚持，才有可能收获到和别人相同的成果。这就好比一群人玩游戏挑战，马云被指定用困难模式接受挑战。

"中国黄页"算得上是马云如假包换的初恋情人了。每天出门推销中国黄页，说服人家心甘情愿付钱把企业的资料放到网上去。当时中国很多人连互联网是什么都不知道，看不见也摸不到，连个让人信服的根据都没有。马云就坚持游说，说服一个是一个。马云顶着骗子的名号顶了差不多五年，好在当时互联网并不发达，消息传播也不快，否则"五年的骗子"，足以让马云变成一条咸鱼，而且翻过身都改变不了命运。

提起那段往事，马云直到现在仍旧感慨良多：基本上可以说是惨不忍睹，就跟骗子似的。他当时跟所有人都说，有这么一个东西，然后怎么去做。不过有梦想就该坚持，并且要用实际行动将梦想变成现实。马云声称，每每想到这里，自己的内心就激动不已。1997年底，中国黄页的营业额竟达到700万元，就马云当时面临的形势而言，这简直就是一个奇迹。

理想就像阴天里的一朵向日葵，虽然在现实里辗转，但只要勇敢抬头，总有一抹灿烂的阳光能照亮它。或许正是这种离奇般的成功经历给马云增添了不少魅力，使其成为如今屌丝们心目中大放异彩的男神。

赚钱的都打了鸡血，
而且经常打鸡血

竞争要义

用传递的激情持续赚钱。

延伸阅读

在几十年前，"打鸡血"是一种所谓的"救命"行为，据说能让人延年益寿，精力旺盛。经过几十年的演变，"鸡血"不再注入人的体内，而是注入人的思想中，人们认为做事业的时候就该打点鸡血，让人处于高度兴奋状态，从而让事情能够更顺利地完成。马云是打鸡血的高手，而且能化"鸡血"于无形，打入体内不痛不痒，但效果奇好。

阿里巴巴就是依靠十几个有激情、有理想的年轻人创立起来的。年轻气盛也让这个团队一直充满无尽的活力。阿里巴巴内部经常会出现一些让人咂舌的场景，比如"裸奔"。"裸奔"是阿里巴巴员工们庆祝业绩提升，展现自己工作激情的一次"特别行动"。一次，淘宝的交易额超过了预定的目标值，阿里巴巴内部某部门的雇员们在部门经理的带领下，愉快地"裸奔"起来。当然，阿里人还是比较注重社会文明的，最"开放"的男生也至少还穿着一条裤衩。除了"裸奔"之外，阿里巴巴还有其他别出心裁的

"庆功方式"。一次,阿里的一位"销售冠军"在一个寒冷的冬日跳下了西湖,因为他和马云就年终业绩打赌,最终以毫厘之差败给了马云,愿赌服输,因此"赤身"跳湖。

当然,阿里内部充满活力的表现可不只有这些。阿里巴巴只要一举行宴会,公司管理层的人员就会表演"群魔乱舞"的节目。这往往也是公司员工情绪最激动的时候,那些平日难得一见、表情严肃的大佬们,如今却要争相搞怪,不看看简直太可惜。有一次在阿里巴巴的庆功会上,马云一会儿扮成维吾尔族姑娘,一会儿又扮成江南小城的普通渔夫;而阿里巴巴的首席财务官蔡崇信,这个平日里被员工视为不好说话、极其严肃的人,则穿上女人的丝袜、在众目睽睽下跳起缠绵的钢管舞……

"激情来得快,去得更快。你可以失败,但你不能放弃。激情是可以传递的。这样一来,整个公司的氛围就变好了。"这是马云对阿里巴巴内部略显奇怪的"激励文化"所做出的解释。事实上,马云和阿里巴巴的员工也是靠着这种在外人看来近乎疯狂的激情,形成了强有力的团队凝聚力,大家向着共同的目标大踏步向前。

对外,马云仍旧是这样一套观点,要用激情引导着自身的事业前行。在《赢在中国》节目做评委期间,马云遇到了一个打算在苏州大力推广电动车的创业者董冰。关于董冰的创业,马云提了三个问题:第一,为什么选电动车?第二,为什么是苏州?第三,组织员工学习3个小时的时候,你在学什么?

董冰的回答也非常干脆。选择电动车是因为这个行业被打压,是完全依靠市场推动力发展支撑的,而且董冰还得到一个消息,地方政府马上要对电动车予以解禁,证明电动车有着顽强的生命力。董冰认为:真正有市场生命力的东西一定不是靠扶持起来的,而是靠市场需求生存。因而董冰认定了电动车市场将来一定大有可为。选择苏州则是因为苏州的电动车保有率非常高,而且董冰本人在苏州没有任何可以利用的关系,如果他能做成功,就说明该模式能够在全国得以复制。最后,董冰还解释了为什么要学习3个小时。董冰的团队除了他本人以外，都只有初中学历，董冰希望以此来提升员工的业务素质，这是做强做大的重要前提。

对于董冰的回答，马云非常满意，因而对董冰的评价也非常高："你这样的项目是《赢在中国》更需要倡导的，点点滴滴做起一个小店，小企业要有远大的理想，我看到了这个远大的理想。我觉得你的激情也不错，我的建议是短暂的激情是不值钱的，只有持久的激情才是赚钱的，而激情不能受伤害。尤其你的员工在上班非常累的情况下，要再利用3个小时学习，这很好，但是一个人的体力会消耗掉的，学习无处不在，要从听、从看、从刻苦中学习，你要在这儿做调整。"

赚钱需要激情，提升激情最直接的方式就是打鸡血，不停地打，最好像广告中说的那样"根本停不下来"。有人说这是一种洗脑，笔者不否认这两者之间的本质差异，只想提一句：成功需要启动疯狂模式，需要10000个小时。

Business Develop

激情来自人们对事物的强烈兴趣，是一种易耗品。就像诸多办公耗材一样，容易得到，但也容易消耗。

马云在成立阿里巴巴的时候，仔细审视了一下阿里的团队——非常年轻，朝气蓬勃。这样的团队容易产生激情，但是更容易因为挫折而失去激情，尤其是一件从未有人做过的事，其难度将会更大，将会有很多从未想到过的、出乎意料的困难，而显然，如果没有持久的激情，在这些困难面前，退却是很容易的事。

关于激情，阿里巴巴的企业文化是这样描述的：乐观向上，永不言弃；对公司、工作和同事充满了热爱；以积极的心态面对困难和挫折，不轻易放弃；不断自我激励，自我完善，寻求突破；不计得失，全身心投入；始终以乐观主义的精神影响同事和团队。马云一直认为，短暂的激情是不值钱的，只有持久的激情才是赚钱的。因此，马云不但采用打鸡血的方式给员工创造激情，而且将这种方式日常化、习惯化，从而保障员工的战斗力长时间处于一个高位。

当然，马云不是独创者，但却是一个非常优秀的运用者。

蓝海不是探出来的，
是玩出来的

竞争要义

玩是一种看不懂的生产力。

延伸阅读

如今，提到市场的发展前景，人们习惯用蓝海和红海来说明。蓝海一般用来指尚未开发的未知市场，红海则一般指发展趋于成熟的现有市场。企业为市场的前景而战，要么在蓝海中开辟一条新的道路，要么在红海中杀出一条血路。

马化腾开始玩网络的时候，放眼望去，整个中国的网络市场基本上是一片蓝海。从何处下脚，从哪里开始，这种最最简单却又最难回答的问题困扰了很多人。马化腾最初也没有一个成形的思路，而是选择先试试看。

当马化腾还在深圳某个公司里当打工仔的时候，一次偶然的机会让他接触到了以色列人发明的一种私人"玩具"——ICQ，意为"I seek you（我寻找你）"的意思。精明的马化腾在体验到 ICQ 带来的快乐时，也发现了 ICQ 无法在中国迅速发展的原因，那就是缺少中国版本。在这样的背景下，1999 年 2 月，"试一试战略"的一款产品——OICQ（今 QQ）上线了。这款产品就是模仿聊天工具 ICQ 来的，腾讯在做这款产品的时候，在 ICQ 的前面加了一个字母 O，意为 opening I seek you，意思是"开放的 ICQ"。

这款即时聊天产品投放市场之后，立即受到了人们的追捧。到 2000 年的时候，仅仅用了不到一年的时间，OICQ 占领了中国在线即时通信差不多 100% 的市场，基本上已在国内成了即时通信行业霸主。除了这款产品本身火了，连产品的图标——两只企鹅也受到了诸多用户的喜爱。由产品到周边，腾讯的 OICQ 彻底火了起来。

做火 OICQ 并不是马化腾的本意，这款产品推出的初衷，只是马化腾想在即时通信领域玩玩而已，而这款软件的最初定位，不过是供人 "kill time（消磨时间）"罢了。马化腾最初都没想过要把 QQ 长久地留下来，甚至一度在腾讯资金紧张的时候，想把这只小企鹅卖掉换钱。所以，直到今天，在解释 QQ 为什么能够火的这个问题上，马化腾的解释就是"玩出来的"。

虽然马化腾秉持着这样一种轻松的心态来创立事业，但当马化腾在被问及"最开始接触网络的时候，是不是一种玩的心态"这件事的时候，马化腾就"玩"这个话题给出了进一步的补充。

马化腾说："一开始接触网络，我就知道它哪些方面是有用的。我是有目的地选择，并不只是玩。所谓的玩，是想知道这个东西为什么好，用户为什么会喜欢它，是用一种研究的心态去尝试。我开始做的时候就不是一个简单用户。做惠多网时，我做到站长，相当于现在的一个网站。当时我就觉得很有用，觉得这个东西可以提供新的通信方式。以前是四根电话线只能四个人同时用。现在是可以上万人同时访问互联网，我的舞台就大得多了。那时候，你发现通过电脑，可以跟远程的人这样交流，这就很有用啊，你以前找不到这样的方式。第一次用网络服务是通过 BBS，下载一个防病毒软件瑞星。那时候你就会觉得很神奇。这种体验很不一样，而且很有用。"

成功不一定都是非常严肃的事情，比如爱玩的小马哥，不管什么时候，你都很难将其与严肃画上等号。但偏偏就是这么一个人玩出了艺术，玩出了财富，玩出了一个互联网的传奇。

Business Develop

腾讯是一个好玩的企业，有人曾说，把腾讯公司的崛起归因于偶然，不如归因于自然。如今回过头来再看，确实是这么回事。无论是公司的名称，还是可爱的 QQ 仔形象，甚至是后来的系列产品，如微信等，都是一次次不经意的偶然所致的。推动这一切偶然变为现实的，就是"玩心"之下的那一股研究的劲儿。

"网上很多的新体验我都会使用。"这是马化腾对当时的自己所做出的评价。20 世纪末期，中国会使用互联网技术的人并不多，会的那一小部分人也大都聚集在一个叫作慧多网的网站上，志同道合的一群人聚在一块儿分享网络的乐趣。马化腾就是其中之一，而且马化腾坦言："在网上我才会获得完全的兴奋。"

除了爱玩之外，马化腾一玩就玩真的。在"入网"半年之后，马化腾自告奋勇地投了 5 万元在家里搞了 4 条电话线和 8 台电脑，用实际的行动来承担起慧多网深圳站站长的角色。马化腾当时还在另一家通信公司上班，只能每天下班回来之后处理慧多网的工作。很快，混迹慧多网的网友们就知道了在深圳站有一个"马站长"。

这种玩心一直带着马化腾和他的腾讯走到今天。事后腾讯每一款成熟产品的面市，都与这种"玩心"息息相关，比如 QQ 邮箱、QQ 游戏等，除了"玩在其中、乐在其中"外，马化腾更是精明而沉着地将有自己创新理念的拿来主义发挥到淋漓尽致。

带着玩的心态成功的人，我们不妨将其称作"玩一代"。以马化腾为代表的"玩一代"或许能够给我们带来全新的启示：玩耍并非浪费时光，或许在无意中，它能找到一条新路通向远方。

独善其身，
让别人的厉害在风中飘散

竞争要义

别人的厉害跟你无关。

延伸阅读

　　如今的企鹅王是闷出来的。企鹅的成长路，用马化腾自己的话来说，就是"没有采访，没有专访，没有公开活动，所有的时间都用在改进产品上了"。

　　马化腾非常低调，这种低调让他与其他公司的大佬之间形成鲜明的反差。马化腾自身的发展阶段可以概括出"三个从不"：从不主动做杂志封面人物，从不主动上娱乐节目或者担任主持了，从不接受私人娱乐采访，关于他的故事更多的是据说和传言。更为神奇的一点是，马化腾的个人"传奇"经历很少能被坐实，这一点也让笔者颇为头疼。不过也罢，这恰巧也从侧面证明了马化腾真的真的很低调。

　　这种低调曾经也让腾讯公司内部员工感到一丝不爽。2004 年，盛大的 CEO 陈天桥大规模收购了国内外数十家公司，一度成为业内的风云人物。而当时的 QQ 虽然已经拥有了过亿的用户，但很多用户是不知道有马化腾这号人物存在的。一经比较，腾讯的员工心中有些落差，同样是做老板，差距怎么就那么大呢？"你看人家陈天桥，出手多快，我们的 Pony 却一直闷着头，一点魄力都没有。"

这种状况一直持续了两三年。小马哥虽然也听到了企业内的这些风言风语，马化腾也认同员工说的那些话，只是这种现状在他看来，没有必要去改变。"我们开发人员、软件人员都这样，比较内向，比较喜欢做产品。对懂的东西，我可能说得多点，其他的事，我就不太知道怎么说。"这是马化腾对自己"无话可说，低调做事"的正面解释。

低调做人，高调做事，这是马化腾对所有腾讯员工的要求。马化腾提到："一定把目标放到最低，过完这关再说。大多数人都跟你一样面临各种小坎，只要埋头过完自己的坎，剩下的自然会有人分心落后，到时候你就跑到别人前面去了。不用怕别人多厉害，做好自己、和自己比就行了。"

2007 年，一向低调的腾讯公司交出了一份漂亮的成绩单。腾讯公司 2006 年的全年利润达 10.6 亿元人民币，较前一年相比劲升 119%。这份增速在同年国内的互联网企业中足以傲居榜首，成为互联网巨头企业的新成员。

关于腾讯的骄人业绩以及马化腾的低调表现，当时加入腾讯游戏部已有五年的员工高峰说："看人不能看一时，而是看结果。Pony 虽然低调，但腾讯能取得如此骄人的成绩，绝对与他后面的稳健、不冒进息息相关。"

根据腾讯公布的 2013 年财报显示：腾讯 2013 年总收入为人民币 604.37 亿元（约 99.13 亿美元），比去年同期增长 38%；经营盈利为人民币 191.94 亿元（约 31.48 亿美元），比去年同期增长 24%，即时通信服务（主要指 QQ）月活跃账户数达到 8.08 亿，"微信和 WeChat"的合并月活跃账户数达到 3.55 亿……一连串的数据显示，如今的腾讯已经成为广大中国人交流沟通的骨干渠道。如果哪天突然没了 QQ 或微信等腾讯产品，你会不会突然间觉得有些不知所措？由产品变成生活必需品，这是腾讯的最大进步之处。

江山易改，禀性难移。如今的马化腾仍旧很低调，虽然少有镁光灯的照耀，小马哥依旧是那个快乐的小马哥，并且在自娱自乐中狠狠地牛逼着。

Business Develop

独善其身，这是马化腾从大学开始就养成的习惯。"不用怕别人多厉害，做好自己、和自己比就行了。"这也是马化腾最常用来激励自己的话语。为此，马化腾在大学时期的计算机水平一直令他的老师和同学都刮目相看。

早在创业之前，马化腾早已摆正了别人的差距与自身实力之间的关系。为此，马化腾回忆道："在创业之前和之后，我们都有阅读很多的文章，特别是来自美国硅谷的文章，我们也看到很多翻译者从美国硅谷翻译了很多当时创业的书，都非常励志，而且我们也非常向往。但中国的环境，确实觉得这个还很遥远。我们想第一步还是要生存，你出去怎么办，下一个月的工资和房租怎么解决，你一年内的收入来自哪里。那时候没有风险投资，也没有说靠一个概念大家会抢着投钱，根本没有这个环境，而是比较务实和比较低调地做事情。长期以来我们都是坚持这个风格。不能指望说要做 10 亿或多少亿，如果我们当初这样想早就死了。这会左右你每一步动作，接下来你会发现很多细小的事情都不做了，看到服务器有问题也不紧张，老想着 10 亿 100 亿怎么搞，那就完了。事情都是一点点细致做出来的。"

独善其身的一条捷径就是做最熟悉的事情。如今的腾讯可以说在互联网业务上是全面开花，但马化腾并不认为自己的精力被分散了。"从表面上看，大家觉得腾讯现在什么都在做，实际上，我们一切都是围绕着以 QQ 为基础形成的社区和平台发展的。"腾讯现在是 QQ 与微信双管齐下，只有专注于熟悉的内容，将其做精，做强，才有骨干强大，枝叶繁茂的效果。

别人很厉害怎么办？当你比别人更厉害的时候，别人的厉害就烟消云散了。

第三篇　首富的实力：很准很持久，很新很强大

【洞察力】远视预言家 PK 快速反应者

■情报分析：眼光是利器——要么狠，要么准

马云，马化腾，前者没戴眼镜，视力良好，后者带了眼镜，目光依旧锐利。两个人用活生生的例子证明了一个观点——除了必要的矫正作用外，眼镜更多的时候可能是个装饰品。

两个人虽然性格迥异，但眼光都很厉害。

马云的厉害在于，未来的发展态势似乎永远掌握在他的心中，吹破天的牛皮，最终至少都能看到一点边际。最典型的莫过于将神乎其神的互联网生活带入千家万户，以及让天下想做生意的人的门槛降低了不少。马化腾的厉害在于毒辣的眼光。虽然这位小马哥总被人扣上抄袭的帽子，但抄袭也不是一件容易的事，何况抄一个火一个，很多时候居然还干掉了原版，这可不是每个人都具有的特殊属性。

当"远视眼"遇到了"瞄准器"，两个人又将撞出怎样的精彩？

好东西往往说不清楚，
说得清楚的往往不是好东西

竞争要义

大象无形，大道至简，最厉害的招式就是没有固定招式。

延伸阅读

"阿里巴巴要像阿甘一样简单"，这是马云想要表达的初衷。

2005 年的时候马云曾说，几年前，大家认为阿里巴巴的模式不对，这种状态一直到 2004 年才有所改观，从这个时候开始，渐渐地有人说阿里巴巴的模式比较好了。但这个时候，马云开始"疑惑"了，他说他"并不知道阿里巴巴现在是以一种什么样的模式在运作"，马云知道的是，反正阿里巴巴现在是稳赚不赔了。

其实马云怎么会不知道呢。马云的模式就是简单，简单到没有模式。以电子信息流为例：阿里巴巴用电子信息流代替了传统的实物信息，这除了能省下巨额的信息成本之外，还减少了寻找昂贵店面的麻烦，免除了库存折旧的担忧。便捷的信息网络能将某种商品的图案、动画、规格、价格、交货方式等信息很快传到万里之外的世界各地，还能非常便捷地就产品的优与劣、价格的贵与贱进行迅速比较。这是传统商业当时根本做不到的地方。阿里巴巴为什么能够以极快的速度做成中国的电商帝国？为什么在短短的几年内就能牢牢把握住全球的 210 万商人？因为阿里赢在了信息的获取上。

商流、现金流和物流，本质上与信息流一样，图的就是简单。阿里的"四流"都建立在互联网的基础之上，一切数据都实现了信息化，大大节约了商谈过程中的实际开销，更重要的是还节约了不少的时间成本和人力成本。一切简单化。

然而，马云在这个时候也意识到了模式化运作的危害。一样东西的好处如果能被每个人说透的话，这就不是一样好东西了，每个人都看得到的机会就不叫机会了。因此，马云非常严肃地讲述了一个现实："很多年轻人是晚上想想千条路，早上起来走原路。中国人的创业，关键不是因为你有出色的想法、理想、梦想，而是你是不是愿意为此付出一切代价，全力以赴去做它，证明它是对的。我认为好的东西往往是说不清楚的，说得清楚的往往不是好东西。成功的模式很难被复制，能被复制的都不是好东西，背后的汗水，背后的艰辛，背后的委屈，背后不断寻找这条路的精神是永远无法被复制的。一旦形成模式，这家企业基本上也就看到头了。"

所以，马云偷了一个懒，也取了一个巧。既然没有一个模式能够适应不断变化的环境，那么没有具体的模式就能够"以变应万变"了。不过，简单并不是掉以轻心的资本，因为前面只是马云说的前半句，后半句是："最好最成功的往往是最简单的，要把简单的东西做好也很不容易。"

Business Develop

每位企业家都希望寻得一种最适合自己的商业模式。有了一套成熟的模式，就意味着企业有了立命之本。任何一个企业和商业项目创立之初都需要花费大量的时间来研究商业模式，这对于一个企业的发展非常重要。

早期的阿里巴巴还是有具体模式可言的，总体说来就是"网上交易，网下配送"的电子商务模式。这种模式在当今已经非常普遍，但在阿里巴巴起步的阶段，在全国范围内都还算是一件新鲜事。向阿里巴巴学习成为当时商界的一大趋势。

这种学习的心态是可以理解的，而且在一定程度上是可以借鉴与提倡的。一个企业如何实现可持续盈利？这是伴随着企业经济活动的一个永恒主题。人们看到阿里巴巴赚钱了，看到马云赚得盆满钵满了，因此自然想要发掘这其中的奥秘。

马云不反对外面的人学阿里，但也不提倡。马云认为："今天阿里巴巴的模式不是我们未来的模式，不跟别人探讨模式，并不意味着我们没有模式，等我们跟你探讨模式的时候，我们这个模式已经成为昨天的事情。"因此，带领企业走向未来的并不是一个优秀的模式，而是一种不断创新的理念。阿里没有固有的模式，就是因为在马云的引导下，阿里不断在现有的模式上推陈出新，从而造就了阿里巴巴一步一个脚印的发展。

除了不断创新，马云还补充了非常重要的一点，那就是千万不要陷入"证明自己的模式是正确的"这样一个怪圈之中，因为今天对的模式三年以后可能是错的。这是一种趋势的眼光。

"你只要证明一点，我想帮我的客户成长，这一定是对的。"关于模式，马云能说的真的就只有这么多了。

鲸鱼不是我的菜，
虾米才是我最爱

竞争要义

大而空，小而美。

延伸阅读

马云不但专注于阿里巴巴的事业发展，还专注于整个互联网的趋势走向。"互联网的文化是一个生态链，互联网绝对不可能成为几个超级大网站独霸的天下。"因此，马云特别希望阿里巴巴能为整个互联网的生态稳定发挥积极作用。

早在 1999 年 2 月，当时还是无业游民的马云被邀请参加在新加坡举行的亚洲电子商务大会。当时，整场会议的与会者中，80％是欧美人，整场会议的主题也就变成了关于欧美式电子商务的探讨。听得不耐烦的马云从座位上站了起来，足足讲了一个小时："亚洲电子商务步入了一个误区。亚洲是亚洲，美国是美国，现在的电子商务全是美国模式，亚洲应该有自己独特的模式。"

马云并非业界精英出身，而是在平凡人中长大，从最底层市场开始的一路摸爬滚打为他积累了不少实践经验，深知中小企业的困境——被大企业压榨、控制。举个例子。市面上，一支较好的钢笔，其订购价大约在 15 美元左右，沃尔玛给出的价格是 8 美元，但量高，达 1000 万美元。这笔订单数额巨大，即使单价较低，但总利润却非常可观，很多中小企业的供应商硬着头皮也会接下来。但是如果沃尔玛第二年终止了这笔订单，这个供应商就会被拖死。阿里巴巴平台则能够让中小企业摆脱这种巨额订单带来的风险，而且能够在全球范围内寻找客户，无论是从实际的效果上还是从供应商自身的体验上，阿里巴巴都要更胜一筹。马云或许是在用实际行动诠释他说提出来的"亚洲独特的电商模式"，马云不做那 15％大企业的生意，而是专注于剩下 85％的中小企业生意，马云把他的这种行为叫作"只抓虾米"。

无独有偶，在一次名人访谈节目中，博鳌亚洲论坛秘书长龙永图向马云问了一个问题："你现在的供应商当中有多少是中小企业？"

马云的回答非常简明，但却让龙永图有些始料未及："我们现在整个阿里巴巴的企业电子商务有 1800 万家企业支持会员，几乎全是中小企业。当然沃尔玛也好，家乐福也好，海尔也好，甚至 GE 都在我们这儿采购，但是我对这些企业一点兴趣都没有。"

龙永图笑着说："对大客户不感兴趣！难怪人家说你是狂人，口出狂言。"

马云对于狂人这个词早已习以为常，因此非常从容地解释道："我只对我关心的人感兴趣。我只对中小型企业感兴趣，我就盯上中小型企业，顺便淘进来几个大企业，它不是我要的。就像你刚才讲，龙（龙永图）先生不购物，网上不购物，我一定没有吃惊。但有一样，我坚信一个道理，说有的人喜欢在海里抓鲨鱼、抓鲸鱼，我就抓虾米。我相信是虾米驱动鲨鱼，大企业一定会被中小型企业所驱动。所以我那时候就想企业在工业时代是凭规模、资本来取胜，而信息时代一定是靠灵活快速的反应。我唯一希望的就是用 IT、用互联网、用电子商务去武装中小型企业，使它们迅速强大起来。"

提供一个平台，将全球中小企业的进出口信息汇集起来，这是马云的梦想。互联网经济的特色又刚好是以小搏大、以快打慢，做数不清的中小企业的解救者，其实就是做经济发展的先驱者。

　　马云为什么一定要做大互联网，而且要在大互联网里面做小生意？马云曾经说过一句话，或许能解释这个问题："如果把企业也分成富人穷人，那么互联网就是穷人的世界。而我就是要领导穷人起来闹革命。"

　　从商业模式来看，马云更倾向于做小生意，面对在商海中遨游的鲸鱼，马云一般只看看不说话，但对于诸多的鱼虾，马云则是兴奋异常——这些才是马云的猎物。从实际的需求而言，大企业实力雄厚，一般都有自己专门的信息渠道，有巨额广告费，这些都是小企业无法企及的，但是互联网，特别是阿里巴巴却刚好能为这些小企业提供帮助，久而久之，阿里巴巴就在小企业的依赖下慢慢壮大了起来，并且形成了马云所说的"生态链"。

　　什么是生态链？通俗地说就是"大鱼吃小鱼，小鱼吃虾米"。马云打了一个非常生动的比方：无数的中小网站、博客、论坛，这些不活下来的话，我们鲨鱼会死掉的。为这些环境做事情的时候，你这个企业会做得更强大。阿里巴巴要感谢中小型网站，没有中小型网站，新浪、网易门户封杀的时候，淘宝就没了。

　　很多时候，人人都在关注那些大的、显眼的东西，但其实很多时候，那些看不见的、被忽视的东西往往起了决定作用。在马云的眼里，那些位于生态链末端的小虾米并不小，小虾米集中起来，反倒能形成强大的力量。

靠"天"吃饭：
找到自己的活法

竞争要义

天下之大，必有落脚之处。

延伸阅读

独占鳌头的时代已经过去，分享共荣的时代悄然到来。

此时的马化腾带着他那只Q胖可爱且稍显成熟的企鹅开始了新时代的征程。关于新时代的特征，马化腾做了这样一番描述："这个新时代，不再信奉传统弱肉强食般的'丛林法则'，而是更崇尚天高任鸟飞的'天空法则'。"什么是"天空法则"？就是只要你有能力，天高任鸟飞。所有的人在同一天空下，但生存的维度并不完全重合，麻雀有麻雀的天空，老鹰也有老鹰的天空。

触碰天空的前提是开放了通往天空的天窗，2011年，中国诸多大型互联网公司都开始将自己打造为开放平台，以便于吸引那些富有创造力的第三方开发者前来开疆拓土。事实上，早在2006年，QQ就已经在酝酿开放大计。QQ2009这一版本历时三年才开发完成，被称为"第三代QQ平台"，在腾讯公司内部叫作"Hummer（蜂鸟）"，取轻灵之意。自2010年11月起，马化腾正式对外宣布，腾讯进入半年开放转型期。腾讯公司12周年纪念日（2010年

11月11日）当晚，一向很少向外界输出世界观的马化腾以全员信的方式向全体腾讯员工强调了开放战略："我们将尝试在腾讯未来的发展中注入更多开放、分享的元素。我们将会更加积极推动平台开放，关注产业链的和谐，因为腾讯的梦想不是让自己变成最强、最大的公司，而是最受人尊重的公司。"

关于这个开放共享的全新场景，马化腾做了这样一番描述："在这个平台上，用户将是内容的主导者、分享的提供者。每个用户的知识贡献、内容分享，是这个平台赖以成功、赖以繁荣的重要保障。少数人使用廉价的工具，投入很少的时间和金钱，就能在社会中开拓出足够的集体善意，创造出五年前没人能够想象的资源。任何有意打破这种保障的行为，都将受到市场的惩罚。"

分享的力量是不可小觑的。参与分享的网民数量越多，那么这个平台的潜在力量就会越大，在这个过程中，互联网产业的"核聚变"就悄然形成了。时代转变的间隙必然是观点碰撞最激烈的时期，尽管直到今天仍旧有人认为，互联网不可能取代传统实业的全部，但已经没有人不承认互联网给传统实业带来了巨大的并且是不可挽回的冲击。人们将这种全新的商业思路称作"互联网思维"。在互联网思维的引导下，靠单一产品赢得用户的时代已经过去，渠道为王的传统路数也不再受到欢迎。如何铸造一个供更多合作伙伴共同创造、供用户自由选择的平台，成为一切互联网新时代从业者，甚至是希望在互联网时代继续分一杯羹的传统实业者们需要思考的问题。

"原来我们所熟知的商业模式，随时可能成为泡影。每一个从业者必须认识到，如果你不能学会主动迎接，不对这种网民自由参与分享的精神保持敬畏之心，你就会被炸得粉碎。"尽管马化腾将这样的形式描绘得非常严峻，但同时也说了另外一句话："每个参与者都能找到属于自己的生存维度。"决定能否成功、能有多大成功将不再过分地受到外界的约束，而且恰恰相反，自己发现需求、主动创造分享平台的能力将日益成为最为关键的因素。如果还背着过去的那些旧包袱，那就等于给波音787装了一个拖拉机的马达，想飞也飞不起来。

Business Develop

马化腾之前提到了，这个时代的趋势是走向"开放"，只有开放才能问天吃饭。那么，作为互联网的企业而言，"开放"具体又指的是什么呢？

答案是：开放源代码。

"开放"一词最早来源于自由软件运动，其真正目标是生产出越来越多、越来越优化的软件。尽管在英文中，自由与免费都是相同的表述——free，但同名的免费却不在这场运动的主旨之内，让用户拥有免费的软件也并不是这场运动想要达到的本意。"开放源代码"能够在最大限度上推动软件的自由创造，让无数有创造力的个人和企业参与到软件生产中来。

这一点在以往是难以实现的。一些好的源代码往往被追求垄断利润的企业掌握，这在无形中就限制了大量优质软件产生的前提。马云也提到过，互联网的诞生是诸多弱者、后来者的福音，降低这一批后生们的准入门槛，无疑有利于整个互联网行业吸纳新鲜血液，加快思维更新，创造共同财富，实现共同繁荣。

自由和开放是好的，垄断者一定明白这个道理。因为垄断者愿意垄断，不愿意开放，因为开放就意味着自杀，所以他们总是会在弱小者要求开放的时候做出"杀无赦"的"艰难的决定"。这也就是为什么互联网的大举发展，会让昔日凭借的一些渠道或者是其他方面优势起家的巨头们感到惶恐的原因。因为互联网的开放性思维会让整个固有的格局发生巨大的改变。

此时，是否选择开放已经不是意愿上的问题了，而是转变为能不能开放这种实力层面的问题了。腾讯敢，说明此时的腾讯已经实力雄厚，不需要靠死守自己的一亩三分地来走未来的道路，腾讯欢迎和更多的人一起合作，为的是能造个更大的腾讯帝国，从而实现共赢。

天下之大，必有落脚之处。有贯通之心，就无绝人之路。

对手很快就会苏醒，
谁也不比谁傻 5 秒钟

竞争要义
现在的竞争就跟"秒杀"一样，手快有，手慢无。

延伸阅读

"更新"这个词很早之前就被人们创造并使用了，但却从来没有像 21 世纪这样使用得如此频繁。如今，不管是你的电脑还是手机，隔三岔五要做的一件事情就是更新，比如你的电脑或手机的操作系统，比如你使用的各种软件，再比如你爱不释手的各类游戏……这些更新，有的是为了修复历史遗留的问题，但更多的则是功能的更新换代。"更新"似乎也成为一项重要的生存技能，不仅要准，而且要快。马化腾对此有一句形象的描述："在互联网时代，谁也不比谁傻 5 秒钟。"

偷菜游戏最早起源于 SNS 类社交网站。用户在里面扮演一个农场的农场主，在自己农场里种植各种各样的蔬菜和水果。在作物成熟之后，如果不及时收取，那么可能就会被自己的好友给"偷掉"。就是这样一款非常简单的小游戏，一时间却风靡了整个中国，下到几岁的孩子，上到退休的老人，大家都在忙着偷菜。

很快，腾讯公司便引入了这款游戏，并且命名为 QQ 农场。然而，一款好的游戏并不是引进来就结束了，后期的不断优化才是重头戏。QQ 农场团队随即采用了敏捷迭代的"极速模型"开发模式。在这种模式下，"QQ 农场"平均每天都至少会发布一个版本，因此在一段时间里，每次打开 QQ 农场都有一次或大或小的更新。除了固有的农场之外，腾讯还配套地开发了一套"QQ牧场"，并且使两边的游戏数据能够联通共享，使得一个偷菜的小游戏也有了华丽丽的升级版。

　　为了能够尽快完善产品，QQ 农牧场打造了包括项目经理、UE 设计、产品、后台开发、前台开发、测试、运维的产品研发团队，在这个团队下，各个角色之间相互协作，把迭代开发周期定为一周，在这种产品打造模式下，QQ 农牧场并非在迭代结束时才进行交付，而是实现在一次迭代中完成多次交付和发布过程。也正是基于这种快速的反应与变革，QQ 农牧场永远能带给诸多用户以新鲜的体验，因而由原来的一款"仿制品"快速成长为一款极受用户喜欢的"畅销品"。

　　除了引入的项目之外，QQ 原本的功能也在不断升级进化之中，以保证产品对客户的持久吸引力。QQ 的截图功能就是一个很好的例子。QQ 很早就开放了传送图片的功能，没过多久，腾讯内部就有员工提到，为什么不做个截图功能，作为图片来源直接发送给好友呢？这对 QQ 的发展带来了极大的启发。很快，第一个版本的截图功能就正式推出了。尽管当时的 QQ 截图只具备简单的截屏、发送给好友等功能，但在当时而言，已经算是巨大的突破。在之后的版本中，QQ 截图逐渐引进了在截图中加入标记、文字说明等功能。如今的QQ 截图已经变得更加智能化了，能根据屏幕的显示内容，自动形成捕捉的范围框，大大提高了用户截图的精准度。现在带有截图功能的软件也日益增多了，然而 QQ 截图却仍旧保持了较高的用户支持度，除去庞大的用户群体这一因素之外，更重要的还是 QQ 截图与时俱进的改变。不但新，而且快，这是 E时代制胜的重要定律。

Business Develop

在没有进入互联网时代之前，IT 企业的发展与传统企业相比并没有什么特别之处。软件的开发也常常以年为单位。年初由产品经理根据市场和技术的情况，制订一份总的需求计划，再交由各方进行评估。一切前期工作完成之后，整个软件的制作项目才正式启动。每一款软件在制作过程中都要先后经历几个月的设计与开发时间，最后还要经过数次的数据测试。这种软件的制作方式周期很长，至少是按年计算。这种速率放在当下，估计用户都会难以接受。比如，你能接受你的手机软件一年都蹦不出一个更新提示吗？如果真有这样的软件，你的第一反应一定是：这款软件的制作商是不是倒闭了？

如今的互联网企业生产呈现出来的则是完全不同的一番景象。一个月一个版本并不算什么稀奇的事情，界面设计的时间由以往的几个月压缩到 1 至 2 周，而且这个时间不会单独划分出来，而是与开发过程同步进行。个别稍大的项目还会有专门的产品经理来跟进用户的反馈意见，并且就竞争对手的情况做出相应的战略调整。不论是形势的需求还是实际技术的改进，都让互联网时代的软件更新变得不可同日而语。

马化腾就是希望腾讯能处于这种"小步快跑，快速迭代"的节奏之中。一个月一个版本，更能抓住用户需求的变化，而且能够在不断地更新中把握住稍纵即逝的机会，也有更多的创新实践空间。划时代的创新从来不是一步到位的，都是在现有的基础上不断改进而得来的。

马化腾认为，随着互联网发展的逐渐深入，"小步快跑，快速迭代"必然会成为所有互联网产品的发展大势，腾讯并不是做了什么创新，而是率先实现了未来的准则而已。

求新，求快，这不是一条成文的规定，但不求新，不求快却一定会导致被超越的事实。

【布局谋篇力】做天下生意 PK 占万家市场

■情报分析：不论宏观微观，一切为了格局

马云与马化腾，同为互联业界的"大 BOSS"，享有同样知名度的二人走的却是两条截然不同的道路。

马云做的是商人的生意，改变的是全世界的经商模式。商人的特点就是逐利，因此马云要做的就是要让商人喜欢上自己。便捷、让利、免费，这成为马云的几大杀手锏，当然最最关键的一点就是要通过不断更新概念，让商人"相信"跟着阿里巴巴走有肉吃，有钱赚。

马化腾做的是用户产品，改变的是用户们的日常生活方式。用户的特点就是用鼠标投票，喜欢的就点击下载，不喜欢的就点击删除。这种受众的特性就要求马化腾必须潜下心来做用户体验工作。上台演讲千百次，抵不过用户使用中的一次不爽。唯有精益求精，把自己变身客户，才可能留住更多客户。

然而，随着业务的进一步发展，阿里的用户开始个人化，腾讯的用户也开始企业化，性格迥异、方式不同的二马又该如何调整自己的战术？二马正在考虑这个问题，但不管怎样，做大自身的格局才是重中之重，宏观微观其实没那么重要。

让天下没有
难做的生意

竞争要义
会老的是青春，不老的是使命。

延伸阅读

马云最擅长做的就是给人希望，让人眼前一亮。比如在全世界的生意都很难做的时候，告诉世界的商人们"阿里巴巴能让天下没有难做的生意"。

马云坦言，说出这句话之前，他的内心很不踏实。2002年，马云曾到纽约参加了一次世界经济论坛。在论坛上，马云听世界500强CEO谈得最多的是使命和价值观。当时的中国企业不时兴谈这个，谈这个的人会被扣上"虚假"的帽子。马云认为，这是中国当时大多数企业"会老不会大"的关键原因。

使命有什么作用？马云举了两个简单的例子：现在名气最大的企业是GE，是通用电气。他们100年前最早是做电灯泡，他们的使命是让全天下亮起来，这使GE成为全球最大的电器公司。另外一家公司是迪斯尼乐园，他们的使命是让全天下的人开心起来。这样的使命使得迪斯尼拍的电影，都是喜剧片。阿里巴巴也要有自己的使命。既然是电子商务企业，那就应把"让天下没有难做的生意"作为企业的使命。

这一次，马云没有吹牛。事实上，只要将计划变成了现实，再大的愿景也不是牛皮，变不成现实的计划，再小的梦想也是扯淡。马云属于前者。在夸下了这个海口之后，马云就把这个作为企业推出任何服务和产品的唯一标准。阿里巴巴以前曾经说最少推出一个免费的产品，工程师和产品设计师、销售师马上想到免费搞得复杂一点，将来收费搞得简单一点就可以了，所以产品就越做越复杂。这让马云感到非常头疼。但是马云认为，这些工程师设计师的出发点都是好的，因此也都没有生气，而是用之前当老师的一套来加以引导——我们的企业使命是什么？是"让天下没有难做的生意"。一次不行就反复第二次，多说几次大家就铭记于心了。现在，大家都知道产品要做得简单，不要让用户上阿里巴巴买东西跟学习知识一样痛苦。

让天下没有难做的生意可不只是简化操作这么简单的事情，有很多人想做生意却做不成器，这些人如何在阿里巴巴实现自己的商业大亨梦？为此，马云没有做过多的透露，只是说"来阿里巴巴吧"。马云为什么这么有底气？原来，马云认为：只有电子商务才能改变中国未来的经济，他坚信人们进入信息时代以后，中国完全有可能成为世界一流的国家，无论是政治、军事还是文化。阿里巴巴成立的时候，马云就相信中国一定能进入WTO，而中国的腾飞又是以中小企业的发展为基础的，阿里巴巴用IT武装他们，帮助他们腾飞，也帮助自己腾飞，公司也能赚钱。换而言之，马云相信，自己的阿里巴巴是时代的顺风车，赶上这趟车的人，就一定能够"发财"。

马云的"让天下没有难做的生意"还有另外一层意思，那就是未雨绸缪。马云坦言道：阿里巴巴要让中小企业真正赚钱，让中小企业有更多的后继者。因为中国有13～14亿人口，20年以后可能很多人因各种各样的原因失业，他希望电子商务帮助更多的人有就业机会，有就业机会社会就稳定，家庭就稳定，事业就发展。

带着使命，怀着梦想，马云将B2B模式渐渐带入了全球经济发展的正道之中，并且如他所说的那样，改变了全球几千万商人的生意方式，让"每个人都有机会当老板"成为一种可能。

Business Develop

做天下生意绝不仅仅是一种业务能力，更需要一种心灵的力量予以支撑。这种力量叫作使命感。

马云曾经受美国克林顿及其夫人的邀请，一同共进早餐。早餐过程中，克林顿说："美国在很多方面是领导者，有时领导者不知道该往哪儿走，没有什么引导我们，我们没有榜样可以效仿。这个时候，是什么让我们做出决定呢？只有'使命感'。"

在马云向公众抛出"让天下没有难做的生意"这句话时，也有很多人对马云表示质疑——阿里巴巴凭什么能做到这一点？能力？关系？还是影响力？马云笑了笑，简单粗暴地回答了两个字"使命"。在实际的工作中，马云要求阿里巴巴推出的每一个产品，首先要考虑的是这个产品是否有利于生意，能否让客户挣钱，能不能帮客户省钱，能不能帮客户管理员工。不管做出什么样的决定，出发点都是一样的——考虑怎样做才会使客户的利益更大化。

IDC（Internet Data Center，互联网数据中心）高级分析师黄涌涛就马云提出的使命观表达了自己的看法："B2B网站的上市，最终要让中国4200万的中小企业受惠，中小企业中会产生更多的百万富翁、千万富翁乃至亿万富翁。'让天下没有难做的生意'的使命感，使阿里巴巴受到了众多客户的尊重。因为阿里巴巴这个平台，不仅解决了众多中小企业的问题，也为社会创造了很多的就业机会。"

任何一项事业都有其独特的根基。马云相信，自己的事业根基就是这千千万万的商户。不管是为了阿里巴巴的发展,还是为了整个社会责任的进步,"做天下生意"成为马云的必然选择。

如果现在来分析马云的成功因素,或许其中一个重要的原因就是早年布好的这个大局。

别让 102 年
变成一个传说

竞争要义
在最艰难的时候喊一句 "我能"！

延伸阅读

102 年是个什么概念？就是活到这个岁数，很可能会被地方电视台做个报道，说某某地方有个长寿老人，然后会有人过来找你寻求长寿的秘诀，让你谈谈养生之道。企业也是一样，一家企业如果活了 100 年，那么就能骄傲地称自己为 "百年老店" "世纪品牌"。

其实，最开始的时候，马云也没有底气说阿里巴巴要做一家百年的企业。马云最初提的要求是 80 年。为什么是 80 年而不是 100 年，马云是这样解释的："我认为百年太多了，都要提百年，中国人都要讲百年，而有八成中国企业的平均寿命只有 6 年到 7 年，有 13 年的很少，有 18 年的更少。然后我想 80 年，已经是很妖怪一样的人了，你干吗一定要活 100 年？大家都说 100 年，而我觉得 80 年已经是一个人的生命周期了。"

当然，根据马云自己的说法，他这个 80 年的提法可不只是说说而已，而是经过仔细考量的，因为他还解释道："我们原先 2000 年的口号是做 80 年，这个'80'是定出来的，不是拍脑袋说出来的。1999年互联网，很多人在公司上市8个月，就跑掉了。全中国人民都在讲互联网可以上市圈钱然后大家就跑。而我们在公司提出我们要做80年的企业，反正你们待多久我不担心，我肯定要办80年。直到今天我还在说我不上市，所以很多人，为了上市而来的人，他就撤出去了，提出80年就是要让那些心浮气躁的人离开。"

从这个角度来看，马云为阿里巴巴考虑的东西还真不少。或许这也与马云1988年在长城上喊出的伟大誓言有关——要创建让中国感到骄傲，让全世界感到骄傲的公司。阿里巴巴人的努力没有让马云失望，回到杭州的时候，阿里巴巴通过融资，将阿里巴巴的公司从湖畔花园搬到了杭州的华星科技大厦，从民宅搬到写字楼，不仅是整个公司的工作环境发生了改变，公司的运作也日渐变得正规化起来。当时的杭州华星科技大厦是的哥们的聚集点，哪怕半夜也是如此。因为当时在杭州跑出租的的哥都知道华星科技大厦里有一个阿里巴巴，这个公司每天晚上都有人加班，在楼下等点一定有活拉。正是这样的拼劲让阿里巴巴从诸多公司中冒了出来。

2004年，当阿里巴巴5周年的时候，马云却在前一天的夜里失眠了。虽然阿里巴巴的前5年发展欣欣向荣，但马云也看到了浓重的危机感。为此，马云说了一件小事："我本来以为我们公司真不错，现在一个月的收入这么高，利润又那么好。对不对？好像在中国我们也飘飘然，有几家上市公司有像我们这样的利润？我在日本时碰到一个企业家，一个老头，我去参观他的公司，我真看不起那公司，没听说过这个名字，叫Tomen（东绵贸易）公司，可能你也没听说过。那老先生说我们今年生意不是很好，营业额不是很好，那我说营业额不是很好是多少。他说200亿，我说200亿日币，他说200亿美元。我都要晕过去了，200亿美元还说生意不是很好，一比以后你会觉得这就是距离。然后我就觉得忘掉什么一个亿利润，几个亿的收入，如果你真的希望成为一个国际性的公司，在你脑子里面如果一个亿美元的营业额都没做到的话，我们叫作peanut，连花生你都不是。所以我们阿里巴巴还是个芝麻，绿豆也没做到，花生也没做到，还有很长的路要走，所以现在挣的钱都是零花钱。"

在这种触动之下，第二天，马云站在 1600 名阿里人面前时，非常正式地宣布了一个决定，建议将 80 年的阿里巴巴改成 102 年的阿里巴巴。马云当时是这么说的："我们的目标使命和价值观，是鼓励我们走下去的动力。我建议大家从明天开始，把我们的 80 年改为 102 年，成为中国最伟大、最独特，成为横跨一个世纪的公司。如果能活 102 年，就是我们最大的成功。阿里最大的成功不是我们有了诚信通、中国供应商，而是创造了伟大的公司。101 年我肯定看不到，到了那时，我 130 岁。我们可以把自己的孩子，孩子的孩子请到这里来，让他们今生无悔。"

为什么是 102 年？而不是 120 年？这是有讲究的。因为从阿里巴巴创立的 1999 年算起，102 年之后就是 2101 年。只要阿里巴巴成功地做到了 102 年，那么阿里巴巴就将成为一个横跨三个世纪的大企业，在中国的商业史上都将留下非常浓重的一笔。

102 年后的阿里巴巴，马云是看不到了，所以他殷切希望所有的阿里人都能将这句话作为自己的奋斗目标，在最困难的时候都能喊出一句"我能"，别让突如其来的意外将 102 年的计划变成了一个只可言传不可亲历的传说。

Business Develop

公司创业不是最困难的，最困难的往往是创业成功后的"守成期"。

马云将 80 年改为 102 年，表现出来的其实是内心一种强烈的危机感。面对阿里巴巴当时的处境，马云感慨道："一个公司往往在最辉煌的第五年后的两年时间里，在第五年第六年开始失败，我们是不是经受得住一次又一次的打击？现在网络开始复苏，竞争会越来越激烈，越来越残酷，在我们周围会产生许多竞争者。我们要向竞争者学习，要尊重对方。越来越多的人关注我们，抄袭我们，大家不用紧张，抄袭对方是不会成功的。我们要尊重对手，选择优秀的竞争对手，如果把理智的竞争对手打成无赖，我们就成功了！"

时隔2年之后的2006年，马云再次强调了要做102年企业的决心。为了将这一计划落实，马云还潜心研究了全球具有100多年发展历史的企业，以及他们的体制与机制的组织力量。马云要做的，就是前期的准备工作，用他自己的话来说，就是"开个好头"。这是一项长期的工作，就像接力赛，必须要几个人甚至几代人共同完成。其中的困难无法预知，所有参与者都必须谨记的就是拼命坚持。马云将他现在的工作定位为做一个宏观层面的定调，前期的方向不对，后面的努力很可能就白费了。至于后期如何发展，就全权交给今后的管理层来处理了，马云不能管，也管不了。

企业规模是一种能力，企业年限更是一种格局。不是任何一家企业都能叫作阿里巴巴，阿里巴巴是唯一的。马云为阿里巴巴做的贡献不仅是成立、经营以及取得现在的成绩就，最有时代影响力的，莫过于初期给阿里巴巴定下的格调——有本事、有态度、有使命。

102年会不会成为一个传说，这个只有留待时间的检验。目前能说的是，马云真的很勇敢。

精品战略：
企鹅不虚胖，企鹅很强壮

竞争要义

能留下来的才是精品。

延伸阅读

如今的商家都讲究一站式服务，比如去一个商业街，一楼或负一楼可能是传统卖场，上楼则是针对特殊群体打造的特色购物区，最上面则是体验馆、餐饮中心或电影院。基本上在一个地方就能解决所有的购物消费需求。不仅仅是传统商业，电商也是这么做的。

比如说腾讯，这只由胖企鹅撑起来的帝国最开始只有即时聊天一项内容，到后面开始有了游戏、社区、购物、理财，现在居然还有了电脑管家。用马化腾自己的话来说就是"腾讯过去十几年做了大量的产品，基本上业界数过来的产品我们都尝试过了"。这种数量攻势曾让许多用户开始质疑：腾讯什么都抄，抄得过来吗？抄得好吗？

类似的声音也传到了腾讯总部马化腾的耳朵里。业界的质疑恰好也与马化腾的顾虑不谋而合。作为腾讯负责的产品经理，马化腾也一度认为，腾讯走上了一条"纯仿制"的道路：一味借鉴，少有突破。这类的产品，出现得快，但也消失得快。在用户黏性至上的消费时代里,这样的战略迟早会被时代的发展所淘汰,一味求多不仅不能给企业带来效益,还会拉低企业的产品品质。加上企业人员越来越庞大、层级越来越复杂的现实,腾讯究竟该如何走好接下来的路?马化腾认为,腾讯到了该变革的时候了。

2012年中的战略管理大会上,马化腾做了一个重大的决定。他说道:"我们需要做一个大的转变,从数量到质量,也就是怎么从'腾讯数量'怎么变成'腾讯质量',不是比用户多、产品数量多,而是希望真正做到质量上有口碑,提到腾讯就是精品。如果未来要赢,最关键是看我们是不是能够做出用户真正喜爱的产品,我们在座的同事是不是真正发自内心地喜欢做这件事,这样才有激情、动力去做。这对我们未来产品质量的要求和控制方面,都提出了很高的要求。"

这次的年中战略管理大会聚集了来自全国各地以及美国、韩国等海外分公司的近130名中、高层管理干部。深圳龙岗一时间成为精英们的聚集地,他们共坐一堂,直面市场挑战,围绕"精品"战略展开讨论。除了产品,组织管理也成为本次会议的重要议题。会议认为,经过组织架构调整后的腾讯,更应该在专业领域精耕细作,打造优质用户平台,不断满足用户的内在需求。

面对诸多的业内精英,马化腾强调了腾讯接下来要做的战略转型:首先在产品上,公司需要转变,从数量到质量,真正做到质量上有口碑,出精品;在管理上,要从粗放式的成长到精细化的发展,更多地把精力放在内部,挖掘人员的潜力。希望管理干部能够齐心协力,聚焦用户、打造精品,并且推动公司管理的转型,打造精兵强将组成的队伍,为用户创造更大的价值。这次的讨论使得"聚焦用户,打造精品"这句话成为腾讯2012年中战略管理大会的主题,也让腾讯下一步实现务实发展、稳步前行有了一条可靠的路径。

腾讯的形象全靠企鹅树立,马化腾希望,这只圆润的企鹅所代表的,应该是一个强壮有力的腾讯,而不仅仅是虚胖而已。

Business Develop

2012 年是腾讯的转型年。在就腾讯的业务状况进行总结的时候，腾讯总裁 Martin Lau（刘炽平）总结道："在 2012 年上半年，腾讯在平台侧和业务侧的表现是令人鼓舞的，但各领域依然存在挑战。"Martin Lau 就腾讯在社交、游戏、媒体、安全、无线、电商、搜索、国际等方面给出了不同的改进意见。除了产品以外，Martin 还强调了深化组织变革对腾讯未来发展的重要性。互联网快速发展导致原有组织架构过时，组织割裂、管理臃肿成为公司迫切需要解决的管理问题。Martin 认为，公司必须要打造一支以用户和产品为中心，并且对自己非常高要求的团队，才能在下一轮残酷的互联网竞争中获得胜利。

打造精品，这个提法很多人都非常熟悉，那么精品究竟是什么？如何才能打造精品？腾讯公司 COO（首席运营官）Mark 用"不精品，毋宁死"这六个字道出了腾讯公司做精品的决心。他说："精品是一种战略，不能为了做精品而做精品；精品是一种生活态度；精品也是人类追求美好生活的本能。"做精品的前提是要聚焦用户。腾讯公司 CTO（首席技术官）Tony 认为世界瞬息万变，与腾讯公司创立之初相比，用户对产品的包容度越发严苛，唯有因时而变，明白用户需要什么，确确实实把用户价值放在第一位才能取得长远的发展。

腾讯虽然执行精品战略，但也并不是每一样产品都依照精品打造，重点在于"回归本源"。马化腾说："我们过去自主或不自主地也经常被行业的噪音所误导，有时候头脑发热，做一些现在看起来很傻的事情。"这些很傻的事情包括：包括在早年 SP 时代，包括网游初步试探找不到方向的时候，包括电子商务、搜索、团购等等。他指出，腾讯之前"忘记了自身的条件，忘记了我们的根基在什么地方"。

腾讯是靠"企鹅"起家的，继续做强做大做精这只企鹅仍旧是腾讯的首要任务，在这个前提之下，可以尝试性地从事其他的边缘业务。这就好比原本可爱现在强壮的企鹅已经开始穿衣戴帽，变得更有魅力了。

　　伤其十指不如断其一指，这是腾讯精品战略要实现的"攻击效果"，以实际的体验征服用户——腾讯出品，必是精品。

商机要抢，
但别先吃螃蟹

竞争要义
先发制人，后发制死人。

延伸阅读

马化腾是一个敢于尝试的人，也是一个什么都敢做的人，正是这份勇气让腾讯快速地成长起来，并且变得日益强大。然而，不惧一切的马化腾却有一个原则——永远不做第一个吃螃蟹的人。所以我们很少看见腾讯能率先在行业中推出什么，我们所见到的更多是腾讯在行业中改进什么。

如今的 QQ 邮箱算是 QQ 诸多应用之中的得意之作。探询 QQ 邮箱的成功，不难发现，它就是后发制人的代表作品。相对于已在市场中逐步成型的部分电子邮箱来说，QQ 邮箱出现得相对较晚，当时有人并不看好这一应用。然而，马化腾却不这么想。与腾讯改进的其他应用一样，QQ 邮箱正是因为出现较晚，所以才具有了一定的后发优势。

2002 年的时候，QQ 邮箱的登录确实显得非常低调。最初只能在域内发送邮件，后来经过改版升级才实现了对外收发的功能。但免费附件限定在4M，邮箱容量仅为 5M，这样的条件确实让腾讯觉得"捉襟见肘"——当时网易和 Gmail 的邮箱容量都已经以 G 来进行衡量了。QQ 邮箱当时的唯一优势就是登录迅速，因为与 QQ 实现了捆绑。

2006 年，QQ 邮箱有了天翻地覆的改革。QQ 邮箱采用了自行研发的独立收发系统，使用内部定义的全新通信协议，这就使得在传送文件的时候速度更快。获得内测资格后，QQ 邮箱的容量由 5M 直接升级到了 1G，附件增加到 20M，这一次的改变直接让 QQ 邮箱跑步进入了行业先进水平。

仅仅过了一年，QQ 邮箱似乎就找到了新的感觉，不停地就自身的功能开始进行完善。开发换肤功能、增加 POP 文件夹、增加 QQ 邮件订阅、添加邮件记事本、增加清理助手、开通自助服务、增设独立密码……这一系列的功能都是在 2007 年得以实现的。可以说，通过 2007 年一年，QQ 邮箱在之前的基础上又有了质的提升。

在完成邮箱固有的基本功能建设之后，QQ 邮箱又开始了个性化功能的打造。首先是在用户名方面。原始的 QQ 邮箱采用的是 QQ 号码搭配 qq.com 域名结合的方式，通过改进，QQ 邮箱采取了 qq.com 的域名与任意多个用户名组合的方式，这种组合只有一个要求，就是用户需要将该邮箱与 QQ 客户端进行一对一的绑定。也就是说，在 name@qq.com 中，用户可以设置不同的用户名，这就相当于分别拥有了多个邮箱，这样做就能避免不同用户名需要重复登录，这对传统邮箱来说是一种极大的进步。

其次是在用户名上得到了改善。QQ 邮箱采取了 qq.com 的域名与任意多个用户名。qq.com 的域名简单易记，更为邮箱增添了魅力。除此之外，QQ 邮箱还允许用户定义多个用户名，但与 QQ 客户端一对一式对应捆绑。除了个性化域名之外，QQ 邮箱的其他个性化功能也值得一提，如在邮件中插入 QQ 表情；登录 QQ，QQ 邮箱将与 QQ 客户端将同时运行；使用 QQ 秀作为邮件签名等。同时，QQ 邮箱还有"邮件撤回"功能，这种功能可以在对方没有接收之前收回发出的邮件。这些功能的出现都是源于 QQ 邮箱的后发优势。也正是这种后发优势，给用户带来了全新的使用体验，赢得了越来越多的用户。

QQ 邮箱的起步并不华丽，但在成长的过程中，QQ 邮箱团队找到了正确的产品改进道路，又借助于后发优势，充分借鉴已有的优势，使得 QQ 邮箱的发展少走了很多弯路，最终大获成功。

Business Develop

永远不做第一个吃螃蟹的人。乍听上去，这个观点似乎有点难以接受。一直以来，"敢第一个吃螃蟹"这样的表述都是用来形容那些敢为人先的勇士的，马化腾却公开表态，不做第一个吃螃蟹的，难不成是腾讯抄对手抄习惯了，抄到丧失创造力了吗？

非也！

马化腾对于"要不要第一个吃螃蟹"这件事情有着自己的看法。经营一家企业，不管进入哪个领域都不是一件容易的事情，如果进入某个领域需要较高成本，那就需要更加注意。既然进入不容易，那么就不要争做第一，后发的风险最低，也有利于控制成本，而如果自己又有一些平台优势，后发就会是获得成功的最稳妥方式。

互联网行业可谓是变幻莫测的，如何才能在这个变幻莫测的行业里既抓住发展的时机，又不至于在战略方向上出现大的偏差，这是每个互联网行业经营者都希望能迫切予以解决的问题。

马化腾深知后发优势的重要性，所以在经营腾讯时非常谨慎。马化腾的性格加上客观的行业现状，使得他得出一个结论：在每个产品领域都争第一并没有多大的意义。特别是在一开始就烧钱圈地，这种做法马化腾是一百个不赞同。他更倾向于逐步发展，保证稳定，以控制好成本的稳重做法。当然，在必要的时候腾讯也会做一些创新和尝试，只不过在网游和电子商务等比较大的项目上，马化腾一再强调要后发。这一类项目上马时，马化腾一定会叮嘱相关的企业人员仔细思考，如果没把握，宁可不做，也不能给企业造成浪费。

"后发是最稳妥的方式"，尽管在这个时代，人们一再强调机遇，但任何机遇都是需要花费成本的。因此，在"该出手时就出手"还是"想清楚了再出手"，这个问题最好三思。

【忍耐力】用委屈撑大胸怀 PK 闷着头猛干

■情报分析：阿里是快乐的，企鹅是耐寒的

马云爱笑。马化腾爱不爱笑不知道，但他能忍。

为什么阿里是快乐的？据说，阿里巴巴的基因里就被注入了快乐，因为有一句歌词叫作"阿里巴巴是个快乐的青年"。看看后面马云提出的一系列口号：阿里巴巴"让天下没有难做的生意"，淘宝"没有淘不到的宝贝，没有卖不出的宝贝"。感觉就是给人一种"包在我身上"的感觉。这酸爽，简直了！但换而言之，困难本身并没有消除，只是被马云等人一笑而过了，忍着，还能微笑，这得需要一个多大的胸怀！

为什么企鹅是耐寒的？这里没有据说，纯粹是因为胖。偌大的南极大陆，企鹅不是对着蓝天，就是看着冰原，孤独寂寞却又笃定坚持。怪不得马化腾最开始选中了企鹅——低调，忍耐，战斗力顽强。腾讯被骂了这么多年，马化腾没有被骂倒，反而更加坚强，甚至喊出了让"骂声来得更猛烈些"的口号，被人骂还要给人钱，说建议提得对。被骂惨了之后，在镁光灯下还要淡定沉着……这种少根筋一般的强大忍耐力真不是一般人能对付的。

"忍"者多伺机而动，难道拥有强大忍耐力的二马也是在等待什么吗？

面对再大的困难，
无非左手温暖右手

竞争要义

背对天寒地冻，面朝春暖花开。

延伸阅读

牛逼与苦逼往往就是一墙之隔，当苦逼的日子熬到头的时候，人就牛逼了。

马云创业初期的日子很难熬，前面已经多次提及，这里就不再赘述。事实上，这种难熬的日子在很多创业初期的公司里都会出现。马云的出色并不是因为遭遇了多么与众不同的事件，而是在面临这种大同小异的窘境时，马云表现出来的那种让人近乎发狂的好心态。"穷开心"或许是对当时情况的最佳诠释。

马云曾说过一句话，前半句是"销售 10 次，10 次为零，出去以后，果然是零。"很多销售在刚刚起步的时候一定面临过这种状况。这的确挺委屈的，但委屈也是没用的。对于这种窘境，马云要说的后半句是："说得真对，要奖励一下自己。"

在阿里巴巴起步的初期，经济条件并不是非常宽裕，为了最大限度地调动大家的工作积极性，马云总是竭尽所能地想办法。当时，对于工作业绩突出或者是进步显著的同事，马云考虑到公司没办法给员工加钱，于是决定给员工"加寿"。这个做得很好，所以"加200岁"，那个做得不错，所以"加300岁"。对于这种"岁数"奖励，大家也感到非常满意，而且倍感珍惜。据说阿里巴巴曾经有一名姓钱的员工一共被马云加了9000岁，堪称当时阿里巴巴的头号"寿星"。

现在的马云绝对算是中国的风云人物，外人看到的都是马云光辉灿烂的时候。马云背后到底付出了多少，其实很少有人说得清，或许只有马云自己最清楚。马云没有别的招数，他就是看得开，知道在最困难的时候鼓励自己："创业的时候，我的同事可能流过泪，我的朋友可能流过泪，但我没有，因为流泪没有用。困难的时候，你要学会用左手温暖你的右手。"

对于阿里巴巴一路走来的十几年，马云也是感慨万千。马云说："在企业家所经历的一切之中，大家看到的辉煌一面只占20%，艰难的一面达到80%，多年来我也是一路挫折，根本没有辉煌的过去可谈。每一天、每一个步骤、每一个决定都是艰难的。在别人看来，阿里巴巴这一年发展这么快，而实际情况是这一年我们积累了5年的经验，而且付出的比人家10年的还要多。"

创业的过程少不了错误，困难往往也来自这些错误。但是马云却认为，这是创业路上一笔沉重而宝贵的财富。正因为犯了很多错误，走了很多弯路，才使得他和他的团队更有信心面对明天的挑战。别人没想到办互联网企业会这么痛苦，但自己有比这痛苦20倍的心理准备，所以不会失败。只要面对现实，敢于承认错误，总会有解决问题的办法。

阿里巴巴如今已然成为电商的一号帝国，现在要冒出的问题都是大问题，稍有不慎就可能使过去的努力付诸东流。即便如此，马云也很少向员工和身边的高管诉说自己的压力。闪光灯下的马云，员工面前的马云总是像一个顽童一样，他的言行举止表现出一种常人难有的洒脱。马云是一个乐观主义者，像诗人一样幻想着未来商业界的新文明，幻想着阿里巴巴会带给全球一个美丽新世界。马云，就这样在创业的路上一边舐舐伤口一边微笑前行。

　　马云在《困难时左手温暖右手》的讲话中说过这样一段话："你在开心的时候，把开心带给别人；在你不开心的时候，别人才会把开心带给你。开心快乐是一种投资，你开心就要和别人分享，然后有一天别人会回报于你。商业不外乎智慧、希望及勇气，这些都是经商的必要技巧。遇到问题时，我习惯用左手温暖右手。要不断告诉自己，没关系，我还是我，我还在学习成长，一切都会好的，至少我还活着。"在他看来，创业者要学会自己保护自己，困难时要学会用左手温暖右手，因为让自己摆脱困难的，除了过人的能力之外，还需要强大的乐观心态予以支持。

　　是的，在某种意义上说，选择了创业，就选择了困难。创业的路上从来不一定有成功，但一定会有坎坷。马云认为：面对各种无法控制的变化，真正的创业者必须懂得用乐观和主动的心态去拥抱现实。因为创业的过程中一定会充满诸多困难，要如何调整自己的情绪以渡过难关，是一个心态问题。"用左手温暖右手"是创业者必须具备的一种心态，要学会自己保护自己，尽自己最大的力量去面对创业的种种艰辛。这也是一种强大的忍耐力，是一种坚强的信仰，是一种在困境中奋发的良好心态，一种创业成功或者失败宠辱不惊的坦然。

　　古人常说"人贵有恒"，马云有恒心，更有乐观的心态，所以他能够成功。

失败只是输了当下，
放弃则连未来都没了

竞争要义
一旦放弃，比赛就提前结束了。

延伸阅读

阿里巴巴输过吗？当然输过。

世纪之交，互联网行业进入寒冬。2000年9月10日，阿里巴巴宣布进入高度危机状态。紧接着，2000年底，马云宣布全球大裁员。顷刻间阿里巴巴内部人心惶惶。最开始创业的那段时间，马云的力量还难以与他的竞争对手们相抗衡。没有钱，看不到希望，甚至不被外人认可，这样的局面让跟着马云一起创业的伙伴们都觉得心里没底。马云能做的就是不断地进行说服和沟通，以帮助他们打消心理顾虑，继续跟他走下去。

回忆起当时的情形，马云感慨道："互联网进入冬天的时候，我们第一没有品牌，第二可以用的资金非常少，整个市场形势不是非常好，大家听到互联网转身就跑。当时很多人进来，也有很多人出去。"此时，马云体内那超乎寻常的忍耐力就发挥了作用，他的自信和坚定告诉他：如果你放弃了，你失败了；如果你有梦想，你不放弃，你永远有希望和机会。

经历过寒冬的考验，马云销售团队的人数最终定格在 10 人，而且还没有成熟的产品可以卖。这样的局面，连外人都看不下去了，认为这家公司很可能"命不久矣"。但就是在这样的情况下，马云仍旧保持乐观的心态，相信天无绝人之路。2001 年马云立下誓言：2002 年实现 1 元钱的盈利。最终他没有违背诺言，2002 年 12 月底，阿里巴巴实现了 1 元钱的盈利。从此，马云开始了越发"离谱"的理想主义计划。

在 2002 年的年终会议上，马云提出：2003 年阿里巴巴全年务必实现 1 亿元盈利。从 1 元到 1 亿元的飞跃，简直是痴人说梦，进行讨论时反对马云的人甚至站起来拍桌子叫板。然而马云决心已定，不可更改。但出人意料的是，正如马云所预期的那样，2003 年阿里巴巴很顺利地完成了 1 亿元的盈利。还是在年终会议上，又一个疯狂的目标被抛了出来：2004 年实现每天利润 100 万，2005 年每天缴税 100 万。

这种结果，或许是马云对自己最初承诺的最好诠释："在长城上我们说要建立一个中国人创办的、全世界最好的公司，在最困难的时候，我们永远要回忆这个东西。我不知道该怎样定义成功，但我知道怎样定义失败，那就是放弃。如果你放弃了，你失败了；如果你有梦想，你不放弃，你永远有希望和机会。"

Business Develop

马云曾经发表过一篇讲话，标题为《最大的失败就是放弃》。和马云其他的诸多讲话一样，这篇讲话的内容同样充满了鼓励与支持。作为一个经历过创业苦难的"老大哥"，马云似乎有很多心中的话要讲给当下创业的青年们听：

"创业者没有退路，最大的失败就是放弃。今天很残酷，明天更残酷，后天很美好，但绝大部分人死在明天晚上，所以每个人都不要放弃今天。很多人比我们聪明，很多人比我们努力，为什么我们成功了？难道是我们拥有了财富，而别人没有？当然不是。一个重要的原因是我们坚持下来了。我想告诉大家，创业、做企业，其实很简单。一个强烈的欲望就是说：我想做什么事情？我想改变什么事情？你想清楚之后，你永远坚持这一点。"

回首总结阿里巴巴的整个发展历程，马云无疑为我们提供了许多成功的经验，其中很重要的一条就是：只有活下来的才是强者。在互联网大潮在中国兴起的时候，马云却一反常态——在大家都很活跃，争相露脸的时候，马云选择了蓄势不发、按兵不动。马云将阿里当时的这种行为称作"闭门造车"。

其实，这也是马云"活下来"思维的体现。1999年到2000年，中国互联网企业在电视、报纸、电台、杂志等传统媒体投放的广告费用累计高达2亿人民币，其中新浪占据了广告投放量的首位，网易、搜狐等也紧随其后。铺天盖地的互联网广告让当时的业外人士渐渐知道了一个新的行业已经出现。

既然大潮如此，马云为什么表现得如此低调呢？原来，马云希望阿里巴巴能够走上一条与当时诸多互联网发展截然相反的道路。企业吸引外界眼球的动力源不应该是铺天盖地的广告，而应是企业自身的卓越实力。马云从北京回到杭州之后，当即宣布"6个月不主动对外宣传，一心一意做好阿里巴巴的网站"。马云认为，阿里巴巴一旦在当时浮躁起来的话，或许就没有办法走到今天，在当时低调远比在现在没落要好得多。

有时候，支撑下来依靠的不全是能力，而是一种强大的信念。相信未来，未来才会在你的身边围绕。

模仿根本不丢人，
它也是个技术活

竞争要义

别看不起"抄作业"，"抄作业"也是项技术活。

延伸阅读

说腾讯抄袭，说腾讯借鉴，说腾讯模仿……诸如此类的说法层出不穷，而且认同这种说法的人还不在少数。为此，腾讯老大马化腾有话要说："我觉得模仿并不丢人，模仿要是那么好做，你模仿一个看看？"

关于模仿，腾讯内部人士有着自己的看法。例如马化腾认为："模仿有两个基本的要诀，第一是选择模仿的对象，第二是把握模仿的时机。"马化腾还给这种模式取了一个高大上的名字——"第三者的颠覆型模仿"。腾讯研究院的副院长郑全战说，"技术上的成功并不等于商业上的成功。我们不应该重复发明，而是要在其基础上开发性能更好或者价格更低的东西，或者将现有的发明与其他的技术结合起来，创造更加实用的东西。"

换言之，此类标准无非是要证明一个观点，任何创新都是站在前人的肩膀上，创新从来不是无中生有。模仿真的不是那么容易的事情，它也是一个技术活。正因为如此，马化腾才会温柔地发个飚："那么好抄，你抄一个试试？"

模仿是需要创新的，马化腾"抄火"的第一款产品就是OICQ，"抄火"的结果是"超火"。这与马化腾深谙网民需求是分不开的。OICQ在设计之初就确定要和通信连接，借鉴了ICQ的经验，考虑用户的使用习惯与需求。以实用、够用、反应快为主要出发点，马化腾和合作伙伴考虑了多种相关协议，使得产品的使用性和发展性同时兼备。马化腾把自己定位成一名挑剔的用户，针对相关产品的"缺陷"下功夫，如ICQ只能按照用户提供的信息寻找好友，而OICQ就可以通过网上查询直接寻找好友。

OICQ可以说拉开了腾讯创新运动的大幕。具体来说，腾讯的创新可以分为三个阶段。1998至2004年，是学习型创新阶段，比如QQ秀，就是学习了韩国Avatar的产品理念。2004到2006年，是整合创新阶段，比如QQ游戏，它把联众的休闲游戏模式植入到即时通信产品中。

2006年以后，腾讯正式迈入了战略创新阶段。这个阶段对创新人才的要求非常高，腾讯已经吸引了一批优秀的互联网人才。腾讯鼓励人人提创意、搞创新，公司很多新产品都源于普通研发人员的灵感。事实上，腾讯公司不仅鼓励员工不断在方式、方法、内容上时时寻求更好的技术方案，而且腾讯还有完备的保障机制和激励机制去不断激发个人创意，以全面的技术创新、管理创新、经营模式创新，推动公司的不断成长。

郑全战说，研究院经常鼓励员工换一个角度思考问题。"很多时候，我们只是将问题考虑到一个层面，就停止了，认为这个问题就OK了，但实际上如果我们再往前走一步的时候，就会有更大的空间。例如，旋风最开始只是研究院的一个客户端软件，日用户量只有几百万。后来转型做下载组件服务，跟公司其他业务合作，现在单日最高服务用户超过了1亿。"

面对腾讯"模仿什么火什么"的局面，马化腾也予以了理性的克制。他不盲目跟风，更不会无端创新。他选择的是学习最佳案例，然后再超越他们。马化腾的创新理念很早就渗透到了QQ的诸多产品中，比如离线消息、QQ群、QQ表情、移动QQ、QQ秀等。

产品的创新与技术革新让马化腾获得了庞大的用户群，为稳固整个腾讯体系起到了关键性的作用。

Business Develop

最初站出来批评马化腾"模仿"的人是新浪网的创始人王志东："马化腾是业内有名的抄袭大王，而且他是明目张胆地、公开地抄。"根据王志东的描述，无论是即时通信工具、门户网站，还是网络游戏，甚至 C2C 电子商务网站拍拍网，马化腾无一例外都是在抄袭既有模式。QQ 是抄袭了 ICQ；门户网站是抄袭了搜狐、新浪；网络游戏是抄袭了网易和盛大；拍拍网是抄袭了淘宝和易趣。当然，问题的关键就在于，马化腾抄了新浪，而且做得还不比新浪差，这让王志东相当受不了。

其实，按照王志东的推理思维，中国当下火的互联网平台都不能算是原汁原味的本土产品。例如搜狐、新浪等门户网站是抄袭了美国的雅虎；李彦宏的百度是抄袭了美国的 Google；李国庆的当当网是全盘抄袭了美国的亚马逊公司……这种例子还很多，就不一一列举了。

中国互联网协会专家郭涛曾就这一互联网"抄袭"的现象发表了自己的看法："很多互联网的核心技术其实都不在中国，包括支付宝、腾讯、视频技术等等，都是从国外引进的技术。从腾讯模仿案例来看，实际上有很多被模仿者也是最初的模仿者，大家都模仿了国外的同一商业模式，那么谁的技术更先进，谁的文化移植更易被接受，谁就能取得成功。"

所以，虽说互联网企业发展的一大特点就是"相互借鉴，取精去粗"。但面对社会庞大的舆论压力以及同行的"挤兑"，这确实还是需要非常强大的定力予以支撑的。好在腾讯沉住了气，在多个应用领域取得成功，并非仅靠模仿而上位，并且用实际的成就让对手感觉到了威胁的存在。

忍着，最后却让对手只能吹胡子干瞪眼。这一招简直太马化腾了。

真是太不幸了，
那就扛着吧

竞争要义
扛着吧，谁能笑到最后现在还不知道呢！

延伸阅读

这个故事有点长，但没这么长真的讲不完腾讯 QQ 过去的那段辛酸史。别看胖企鹅现在是"白富美"，最开始的时候辛酸得真与"土肥圆"有的一拼。

20 世纪 90 年代初期，IT 浪潮漂洋过海来到了中国。和当时冒出来的许多新鲜玩意儿一样，ICQ 这个舶来品也在其中。一次偶然的机会，马化腾接触了 ICQ 这款由以色列人开发的，曾经风靡全世界的即时通信软件。当时的中国，BP 机（一款能接收纯文字信息的机器）是广大商务人士的标配，用手机的都是土豪，马化腾用的也是 BP 机，受 BP 机的影响，马化腾认为 ICQ 可以做 PC 机之间的传呼机（BP 机），并且认为市场前途非常广阔。当然，这里要插一句嘴，马化腾之所以做 ICQ，还有一个重要条件就是：火热的 ICQ 忽略了中国的市场，既没有推出中文版本，也没有想过要在未来开拓中国市场。马化腾决定，干了！

这是一次说干就干的冲动。

雷厉风行的速度如同他的姓氏一般，马上叫上几个朋友成立了一个公司，仿照 ICQ 搞一个中国的 ICQ。1998 年，马化腾带着多年的积蓄以及炒股赚来的第一桶金离开了打拼多年的润讯通信公司，和 5 位同学共同创办了今天腾讯计算机系统有限公司。1998 年，中国互联网产业刚刚起步，网民总数 300 万，不及今天网民数量的 0.5%。

创业的初期永远充满了不幸。跟其他刚开始创业的互联网公司一样，资金和技术是腾讯最大的问题。当资金问题解决了之后，软件水平又跟不上，这让初入创业领域的马化腾有种"深深入坑"的感觉。

1999 年 2 月，马化腾和他的团队终于开发出了第一个颇具"中国风味"的 ICQ，也就是现在的"腾讯 QQ"。互联网刚刚起步的时候，中国的网民们对于一切新鲜的事物都表现出浓厚的兴趣，在尝鲜力量的推动下，注册人数开始疯长，并且在很短时间内就增加到几万人。人数增加就要不断扩充服务器，而那时一两千元的服务器托管费对腾讯来说都是一笔不小的开支。服务器不堪重负自然就会影响到用户的体验，网络延迟、掉线等现象频频出现。很多人用 QQ 不是一直用下来的，中间都断过一段时间，为什么那么多人感慨"我当时要是留着那个五位数六位数的 QQ 号就好了"。没错，都是这段时间给闹的。

1999 年 11 月，QQ 推出的第十个月，注册人数已经超过了 100 万，这是马化腾从未想到的。回想起当时的场面，马化腾现在肯定记忆犹新："创业第一年里，我们一直喂不饱那只小企鹅，赚钱模式看不到。那个时候时间好像过得特别快，稍微一眨眼，一个月就过去了，意味着你又要给员工发钱了。"当腾讯注册人数达到 100 万的时候，腾讯公司的账面上只有 1 万多元了，连工作人员的工资都发不出。被逼上绝路的腾讯当时甚至迫不得已地做了一个艰难的决定——付费申请 QQ 号。这要放在今天，估计又会被"骂到体无完肤"。

谁又能想象，如今腾讯公司养的这只无敌 Q 萌的富态企鹅，曾经却如同一只恶魔一般拥有者让人恐惧的"吸金胃口"？当时腾讯很多人都无法忍受这只"贪得无厌"的企鹅，有人建议马化腾把这个小有人气的软件卖掉，不过马化腾当时不假思索地选择了"先扛着"。

我们都知道，马化腾最后没有卖掉QQ。真正的原因其实是马化腾"没扛住"，但是上天却意外帮了马化腾一个大忙——QQ遭人嫌弃没卖掉。马化腾至今将其视为上天对他坚持品质的一个馈赠。

回想起当时的场景，马化腾倍感庆幸地笑着说："在卖QQ时我们碰到了麻烦。我跟许多ICP（内容提供商）谈，他们都要求独家买断。"毕竟养了这么长时间，马化腾认为，要卖就得卖个好价钱。与深圳电信数据局的谈判是最有可能卖出去的一次，当时电信数据局准备出60万元，这是对方给出的最大让步了，但马化腾执意要卖100万元。最后因为始终谈不拢，卖QQ的计划只能作罢。

QQ卖不掉可以暂时先放一边不管，但没钱的问题却是不能不管。马化腾只好四处去筹钱。先是找银行，银行一听马化腾要拿"注册用户数量"来抵押贷款，工作人员头也没抬就把马化腾给打发走了；后来又找了国内投资商，对方基本上都是一个口径：腾讯有多少台电脑能卖？有多少固定资产能抵押？

就在整个腾讯要被这只企鹅玩疯了的时候，机会来了。1999年10月份，也就是腾讯QQ注册人数突破100万的前一个月，首届中国国际高新技术成果交易会（高交会）在深圳举行。在这一届高交会上，马化腾拿着改了6个版本、20多页的商业计划书跑遍高交会馆推销QQ和腾讯，最后IDG和盈科数码看中了这只企鹅，并一口气给腾讯注了400万美元的资金。

拿着这笔钱，马化腾先买了20万兆的IBM服务器，然后紧接着带领团队开始开发新业务。

2000年底，中国移动推出"移动梦网"，实行手机代收费分成，马化腾趁势开始做短信，2001年底，腾讯就实现了1022万元人民币纯利；受韩国企业启发，腾讯开始推QQ秀，用户激活该功能后是近裸形象，没人愿意光着身子面对好友，马化腾又顺道开始卖虚拟服饰；受新浪启发，腾讯开始推短信和铃声；受网易启发，腾讯推出交友业务QQ男女；受盛大启发，腾讯开始踏入网络游戏市场……在慢慢地改进中，腾讯的收益也是一步一个台阶：2002 年，腾讯净利润 1.44 亿元；2003 年，腾讯净利润 3.38 亿元。2004 年 6 月 16 日，腾讯在香港联交所主板上市，马化腾个人持 14.43% 股份。

如今的腾讯早已形成了自己的帝国，帝国的支柱就是那只让马化腾备受煎熬的企鹅。

Business Develop

马化腾现在的对手马云曾经说过："对所有创业者来说，永远告诉自己一句话：从创业的第一天起，你每天要面对的是困难和失败，而不是成功。困难不是不能躲避，不能让别人替你去扛。"

真是英雄所见略同。因为马化腾说过类似的话："创业初期，腾讯也没想过要成什么样。我只是想觉得有机会去做，发挥所长，也有点回报。初期运气占得比较重，至少 70%。但是 2001 年之后主要靠自己，靠对用户价值的挖掘与尊重。其实创业期间不幸的东西也挺多的，就是自己要去扛、自己想办法。"

创业艰难百战多。创业路上到底有多难，这只有创过业的人心里有数。为此，马化腾打过一个生动的比方："再好的项目也如同那张暗藏艰险的藏宝图，除了努力，没有人送你去那个地方。"在最苦的日子里，腾讯人也差不多都是这么做的：办公室就是一间简陋到不能再简陋的屋子，一群人夜以继日地干着当时别人看不上眼的活儿，用赚来的丁点收入去喂那只不知道什么时候才能吃饱的企鹅……

窘况。坚持。

有人说这是因为腾讯这么做，并且成功了，所以才能拿出来说。没错，煎熬不见得必然通向成功的大门，但通往成功的道路一定是用煎熬的汗水铸成的。中国著名企业家创业的先决条件，不是有多好的项目，多雄厚的资金，而是诸如坚忍、执着、坦然等无与伦比的创业精神。

【爆发力】侠气横流的清扬马 PK 蓄势突破的隐身马

■情报分析：一直很高调与露面很精彩

马云、马化腾两个人都有非常特别的一点——个性与自身的爱好、工作高度融合，使得两个人的风格与性格傻傻分不清楚。

马云自诩风清扬，少年时代的马云就自称"少侠"，从小酷爱打架、为正义打抱不平，经常成为流血事件的男一号。阿里巴巴的办公室也充满着一股浓浓的武侠味道："光明顶""达摩院""桃花岛""罗汉堂""聚贤庄""半山亭""侠客岛"等等，诸多武侠小说中的地名演化成了阿里巴巴的各种办公室，连洗手间都被冠上了"听雨轩"的名字。他那叫作"光明顶"的会议室里还挂着金庸亲笔书写的"临渊羡鱼，不如退而结网"。这格调，简直不要太高。

马化腾的状态，则像极了腾讯知名产品 QQ 当中的"隐身功能"。凡事不露脸，露脸必惊人。这种感觉就好像是平日一直隐身的好友，半夜冷不丁冒泡跟你说句话："这么晚还不睡啊！"平时的马化腾难以见到踪影，更不要说相关的新闻了。但是马化腾的产品只要一出现，绝对都是新闻。QQ、微信这种知名度爆棚的产品，有哪一个是之前放出风声大吹大擂的？没有，因为隐身的人干不出这事儿。

让一万人 believe，
因此诞生了信仰

竞争要义

有志者，事竟成；有信仰，得永生。

延伸阅读

信仰是如何形成的？马云说过："一个人 believe 是傻子，一百个人 believe 是蠢货，一万个人 believe，那是信仰。"如果有很多人相信，信仰就形成了。

按照阿里巴巴的实际发展历程来看，参照马云的"信仰形成说"，阿里巴巴的成长可以划分为"傻子阶段""蠢货阶段"和"信仰阶段"。马云认为：一个缺少文化的企业是一个没有灵魂的企业，一个没有文化的网站也将是一个缺少灵气、无法大量凝聚人气的网站。这是马云对所有企业发展做出的预警，也是起步时期的阿里巴巴可能面临的窘境。在这种情况下，马云像马丁·路德·金一样，喊出了"I have a dream"一般的伟大梦想——阿里巴巴要成为全世界最好的中国公司，要做世界十大网站之一，做个 102 年的企业！

这是早期的"傻子阶段"，更悲观的人则将其视为"骗子阶段"，因为当时的马云其实并没有太强的实力，也没有过硬的背景，让人遥望到马云所说的未来，确实有点"强人所难"。但马云很好地贯彻了"走自己的路，让别人说去吧"的思想，奔着"让一万个人相信"的伟大目标起航了。马云开始不断地从自己的周边突破，让更多的人相信阿里巴巴是可以的。马云做的第一件事情就是让阿里巴巴所有员工和他一起，把这个梦想当作信仰，当作阿里巴巴的价值观，并将这一伟大的信仰落实在点点滴滴的行动上。

这是一个长期的工程，并不会在几天甚至几个月内见到成效。所以马云在为大家指出了道路之前，更是提前打好了预防针——这一路很艰苦，能吃苦的留，吃不了苦的允许提前撤。"尽管电子商务也许3年、4年甚至5年都挣不到钱，但要相信8年、10年后一定能够挣到钱。"马云说这话的时候其实并没有百分之百的把握，但他百分之百肯定的是，努力才会有回报。这就是最纯正的马云 style。

当然，"如何说"也是非常重要的一门学问，对于教师出身的马云来说，这一点不在话下。"不懂得工作意义的人常视工作为劳役，则其心身亦必多苦痛。"这是伟大的古希腊哲学家苏格拉底说过的一句话。马云通过解析的方式表达过相同的意思，如果马云原话转述，那么员工可能就不见得会听了，毕竟太教条，太学术。为了让"一万个人都相信"，马云先打比方，再讲道理。马云是这么说的：

"不管什么挑战，一起手拉手，大家拉一拉。一个人在沙漠走路是慌的，手拉手是不可怕的，当然不能手拉手往回逃。在巷子里面，进去了也就进去了，如果一个人往回逃，那么大家都会往回逃。身体锻炼，天天去跑步没感觉的，就是觉得稍微出了一身汗。锻炼指的是，同样在生很重的病时，两个人，一个人天天在锻炼，一个人不锻炼，但是生同样的病时，锻炼的人他发挥了很大的作用。平时的锻炼就是价值观的考核，价值观不是等灾难来的时候再去练的，平时就要跑步。灾难来的时候，那个人没运动，就完了，你活下来了。我们不要讨厌这个 process（过程），你们既然加入这个公司就 believe（相信），在这个地方唱的经和念的佛就是六大价值观、使命感，不仅念，还要考核，新进来的员工需要考核，干部更要考核。"

最后要说一句，推行信仰的过程一定不是"民主"的。马云对每一个加入阿里，或者在犹豫是否还要继续留在阿里的人都说过这样一句话："这家公司最珍惜的是使命感、价值观，我们跟其他公司都一样，商业模式都一样，唯一不一样就是我们希望将来成为我们 DNA 的东西，就是价值观。大家不要觉得这个人怎么这样，就是这样，你不爽等下一个 CEO。告诉你下一个 CEO 上来也是这样，下面的人都是这样子，肯定也是这样子，这是我们要的 DNA。"

感染搭配强推，因此有了阿里的信仰。

Business Develop

"我们要为我们的理想而走，否则我们永远不开心。"这句话虽然不是那么铿锵霸气，但隐隐约约又透露几分自由不羁，颇有几分侠士的味道。

一直以来，马云在阿里巴巴扮演的就是一个伟大的"布道者"角色，是一个辉煌梦想的"鼓吹者"角色。马云最值得人称道的是，他有一个坚定的信念，并为这个信念鞠躬尽瘁。他坚信互联网会影响中国、改变中国，坚信中国可以发展电子商务；相信电子商务要发展，必须先让客户富起来，如果客户不富起来，阿里巴巴就是一个虚幻的东西。

阿里巴巴的信仰其实就是阿里巴巴的企业文化，很多时候，一个企业的文化，是通过领导者的思想和行为表现出来的。一个企业家，哪怕他的企业只有两三个人，他也必须有自己的思想，有独到的理念；他必须不断地在管理水平上、技术上、精神上、理念上充当一个领袖的角色，起到一个领袖的作用。只有他把个人行为做成群体行为，把个人道德做成群体道德，把个人行为做成群体行为，才能算是文化建设。在这一点上，马云确实做得可圈可点。

让一万人 believe 并不是一句口号，而是一种坐实的战略。并不是马云想要推行这条战略，而是当时的情况让马云和阿里巴巴别无选择。马云带领着阿里巴巴创造了一个奇迹，而奇迹精神就是"有志者事竟成"——从无到有，由弱到强。

心中无敌，
无敌于天下

竞争要义

心中有敌，处处为敌；心中无敌，天下无敌。

延伸阅读

2013 年，凉茶界发生了一场轰轰烈烈的战争，王老吉和加多宝这两个降火气的主儿纷纷大动肝火，让清凉的凉茶世界顿时沸腾了起来。人们坐在饭桌边，一边端着凉茶，一边看着纷争的双方，这种感觉真是说不出来。

坐在一旁观战的马云评价道："斗必输，和必赢。"关于这场"战争"，马云表达了自己的几点看法："第一，一定要争得你死我活的商战是最愚蠢的；第二，眼睛中全是敌人，外面就全是敌人；第三，竞争的时候不要带仇恨，带仇恨一定失败；第四，竞争乐趣就像下棋一样，你输了，我们再来过，两个棋手不能打架；第五，真正做企业是没有仇人的，心中无敌，天下无敌。致——加多宝、王老吉！"

相对于竞争而言，马云更注重竞争中的"心术"。马云曾在关于竞争的采访中表态道："商场如战场，但商场不是战场。战场上只有你死我才能活，商场上只需不断地学习。很多企业一上手就是'杀人'，杀这个，杀那个，到最后变成一个职业杀手。天天忙着杀人，他成不了世界一流高手。一流高手眼睛里面是没有对手的。心中有敌，天下皆为你的敌人，心中无敌，则无敌于天下。"

马云自己就是一个积极的竞争者，例如阿里旗下淘宝与 eBay 之间的斗争便打得不可开交。美国华尔街一直认为，雅虎和 eBay 所向披靡，但它们却在中国受到了阻截。对于首轮战胜 eBay 中国，马云出于战略角度，不无挖苦地说："淘宝能活下来，是因为对手臭棋出得太多。"尽管此时的马云战意正浓，但马云并没有将竞争当作一个孤立的事情来处理。

向来不害怕竞争并且喜欢挑战强者，但并不表示他不会与对手合作。在淘宝网与 eBay 针对中国市场的竞争激战正酣时，却传来了雅虎和 eBay 双方建立为期数年的战略合作伙伴关系的消息。打了很多年的淘宝与 eBay 如今也携手共荣了，双方都认识到，只有各取所需，取长补短，才能实现更大的发展。更令人意想不到的是，马云在双方的合作中扮演了主动牵线搭桥的角色。对此马云有自己的看法：在竞争中有合作是未来互联网市场的发展趋势。他说："我希望能够在美国出现这样的先例后，中国市场也能够随即引进这种状态。未来不排除阿里巴巴与竞争对手的合作，淘宝与易趣，淘宝与百度，淘宝与谷歌，都存在这种可能性。"

正如淘宝与 eBay 事件所表现的那样：竞争本身也不排斥合作，竞争对手之间同样可以在不损害各自竞争优势的前提下，结成战略联盟。通过合作，双方不仅可以共同分担产品开发的成本与风险，获取规模经济效益，还能共享资源与人才。如此一来它们就可以更快地向市场推出更具竞争力的产品，或与更大的竞争对手抗争。

关于竞争的观念，马云指出："商场不是战场，商场上是对手不是敌人。商场上没有永久的对手，也没有永久的朋友。走向竞争合作的产业才是走向成熟的表现，只有一个成熟的产业才能诞生一批成熟的企业。阿里巴巴有责任推进这样的进程，决不像外面的专家们说的那样，我们目前处于被动局面！我希望在未来的中国互联网发展中，我们也能参与到这样的竞争和合作中去。"

对于竞争，马云的心胸是很大的，敢打出去，也欢迎对手打过来，共荣更是极好的。只要是有利于阿里成长的，一切就都是好的。

Business Develop

商家历来视商场为战场，因而崇拜《孙子兵法》。商场竞争与《孙子兵法》诞生时代的诸侯混战，具有惊人的共同性。商场竞争与"春秋无义战"一样"弱肉强食"，竞争对手之间不是争夺市场份额，而是争夺"死生""存亡"。

就"商场如战场"的这个观点，马云提出了自己不同的意见："商场不是战场，商场上是对手不是敌人。商场上没有永久的对手，也没有永久的朋友。"商场上的双方，无论利益大小多寡，都是在对双方都有利的情况下才能得以进行的，双方利益平等共享，即使此次买卖做不成，双方也会着眼于长远合作而不伤和气，正如俗语所云"买卖不成仁义在"，这也是千百年来中国商人所遵循的一贯原则。

十余年实践经验让马云得出了一个认识："阿里巴巴几乎每天都要面对各种各样的挑战和变化，我以前总是强迫自己去笑着面对并立刻准备调整适应。而今天，我们不仅会乐观应对一切变化，而且还懂得了在事情变坏之前自己制造变化。"不把商场当作战场，就是学会良性竞争、合理合作，从而创造双赢的局面。

因此，商场上虽有优胜劣汰，但绝不是战场上那般你死我活。唯有心中无敌，才能天下无敌。

QQ 必须"动起来"，
否则只能"冻起来"

竞争要义

机器不动会生锈，产品不动被雪藏。

延伸阅读

不知不觉，"让 QQ 动起来"的口号，腾讯已经喊了十年了。十年时间里，腾讯 QQ 早已完成了华丽丽的转身，由一只呆萌迟钝的"企鹅仔"变成了一只实力超群且动作灵活的"企鹅帝"。

谈到"让 QQ 动起来"的初衷，马化腾指出："最初有几家有实力的企业都在做与我们类似的事儿。"如何让 QQ 从同行中脱颖而出，成为马化腾着重需要思考的问题。很快，马化腾注意到了一个现象，他发现当时做即时通信服务起初有很多，但最后只有腾讯坚持下来了。为什么其他对手都放弃了呢？原来，腾讯在这件事情上坚持自身开发，长此以往使得腾讯有了一定的技术积累。然而其他公司多采用外包形式开发，不是自己去做，只用合同约束。关于这其中的区别，马化腾分析道："用户接触的只是一个客户端的软件，这个软件工作量其实并不大，到一定规模肯定不行；当时几家公司在用户达到 1000 左右就不行了；我们与他们不同，在后端做的工作更多，难度也更大，但也更稳定。中国的用户是很挑剔的，使用起来不稳定就不会选你，哪个好些就用哪个。"

正是在这样的坚持之下，QQ慢慢地被用户认可了，但这并不能成为腾讯喘气的理由。通过一段时间的成长，腾讯成为亚洲最大的即时通信服务提供商，并且很早就意识到了短信市场的广阔前景。正是在这个时候，马化腾提出了"让QQ动起来"的战略，要在做足充分的准备之后，率先进入移动领域，从而达到"一击必中，出手必得"的效果。

2000年5月17日是"国际电信日"，腾讯公司决定与深圳联通公司鼎力合作，联袂推出移动通信最新服务项目——移动QQ，这一项目能让移动电话通过短消息服务器与腾讯QQ用户进行信息的互通，实现移动电话用户和腾讯QQ用户的信息交流。深圳联通公司的手机用户只要开通了短消息服务功能，就可以使用手机收发QQ的短消息或者查询QQ好友、收发e-mail等。和联通合作，让QQ第一次真正地动了起来。

为了趁热打铁，同年的8月15日，腾讯公司就和广东移动草签了合作协议，通过网络与移动的互通，使QQ用户能和广东地区的移动用户通过移动QQ和手机短信，随时随地实现信息互通。尝到甜头的马化腾得意地说道："2001年1月，我们把移动QQ服务接入中国移动的时候，当时梦网还没有正式出台。由于'移动QQ'符合了当时短信飞速发展的需要，也适合我国网民的生活习惯，经过一年多的发展，移动QQ成了我们公司最具特色，发展最好的一个服务项目。曾经使用过移动QQ的中国移动用户突破了600万，对公司的发展壮大起到了强大的推动作用。"

"动起来"不仅仅是一个数据化的东西，还要包含情感因素在里面。马化腾曾经在不同的场合公开表示，中国的市场上直到目前都没有出现迪斯尼唐老鸭等深入人心的卡通形象，然而QQ小企鹅形象正好具有了先天的优势，借着互联网风潮的发展已经深受诸多用户的喜爱，因而开始大力引导QQ往时尚卡通方面发展。目前，QQ除了推出多种款型的公仔之外，还有根据

QQ公仔原型制作的多种漫画，为QQ今后一系列产品的打造奠定了青春活力的基调。

如今，QQ这个名字不仅仅代表产品本身，更是一系列周边产品的最佳前缀——QQ游戏、QQ音乐、QQ影音、QQ旋风下载、QQ电脑管家甚至是QQ彩票，每一款应用都有大量的忠实用户，腾讯帝国做到今天这一步，想"不动起来"甚至"不动下去"都是一件困难的事情。

如果没有早年的"动起来"战略，QQ或许就跟当时的同行一样，被时代"冻起来"了。

Business Develop

马化腾曾当选为2004年"CCTV中国十大年度经济人物"，在发表获奖感言时，马化腾说了一句自勉的话："荣誉是暂时的，我们还要坚持一贯的作风——专注、务实，在今后继续尽心尽力地为网民提供更加完善的服务。"

"专注"是腾讯近年来快速发展的关键原因，其中的原动力就是马化腾的不懈坚持，比如前文中的"排除一切困难，让QQ动起来"。

在三五个月热点便会轮流转的互联网界，腾讯十几年都在做而且只做完善和规范QQ服务的工作，也是国内唯一专注从事网络即时通信的公司，腾讯的成功并非偶然。马化腾认为，腾讯的产品质量是保证腾讯成功的一个重要原因，而保证产品质量的方法很简单：专注做自己擅长的事情。在他看来，专注并不代表硬着头皮撞南墙，"在前进的过程中，发现机会就要立刻去把握它，要有敏锐的市场感觉，这种变化给过我们压力，却也是我们成功的契机"。

早期的腾讯并不如现在，各方面资源都有限制。不管是什么项目上马，往往要经历很长的构思时间，电子商务项目也不例外，所有业务都要进行优先级的判定。即使在当前，腾讯在互联网业务上全面开花时，马化腾也认为自己并没有分散精力："从表面上看，大家觉得腾讯现在什么都在做。实际上，我们一切都是围绕着以 QQ 为基础形成的社区和平台在发展的。"

马化腾心中的目标非常明确，腾讯一定是专注于 QQ，他希望"专注做自己擅长的事情"能够继续腾讯的辉煌。只有 QQ 动起来，腾讯才能活下去，才有机会讨论未来。

有一句古语能够很好地诠释腾讯的这种精神——精诚所至，金石为开。

**进化要追上
同行的步伐**

竞争要义

进化赶不上对手，从竞争角度来说就是退化。

延伸阅读

2007 年 5 月，腾讯企业内部出台了一个 E-Learning 项目，并根据腾讯公司的特色，将 E-Learning 的名称进行了中西合璧的个性化改变——Q-Learning，使之更有腾讯的味道。改名之后的 Q-Learning 可以理解为"求学"。

和诸多互联网公司一样，腾讯也在快速发展着。以每年 20% 至 30% 速度递增的新员工快速涌入企业内部，这些新员工大部分为应届毕业生，实际工作能力较弱，需要进行专门的岗前培训。尽管腾讯每年都在员工培训方面投入了巨大的资金，但要满足公司的快速发展需求，让员工尽早能上岗工作，必须搭建一个更理想的平台来提高员工的学习效率。因此 Q-Learning 系统便应运而生。腾讯希望借着这个平台，在现有培训投入基础上突出"放大、穿透、继承、节省"等效应，为员工提供 3A 式学习支持，营造学习型组织。

具体来说，腾讯将 Q-Learning 的功能设置为：分阶段推进，并逐步提高。整套系统的主要功能包含如下六个方面：在线学习、培训档案、课程体系、PDI 选课、培训流程、资料中心。

员工可以借助 Q-Learning 平台规划"个人学习地图"，将个人的通道、职级、素质模型、课程做好匹配，只要进入系统就清楚地知道自己该学习什么课程。员工还能借助系统，参照"公司学习地图"，了解整个公司的通道、职级、素质模型和课程的匹配关系。如果员工想往某一个方向发展的话，就会清楚地知道该通道／职级所需要的能力，知道有哪些培训可以帮助其实现目标。

对于加强知识分享，腾讯 Q-Learning 也进行了多种卓有成效的探索。例如"腾讯大讲堂"网络课程就受到了员工的普遍欢迎："大讲堂"主要是由腾讯内部专业人员介绍和讲解某些产品和技术，再以课件的形式上传到 Q-Learning 平台，加速知识的快速分享和传播。另外，腾讯还会在 Q-Learning 上搭建知识结构性管理平台、业务系统频道等内容，鼓励和激发员工自主开发课件、分享成功经验等等，营造学习型组织氛围。

这个系统到底有多大用处？对于员工的实际培养是否能发挥应有作用？腾讯内部的一个真实版励志故事很能说明问题。2012 年 3 月 1 日，微博上有消息称，腾讯北京分公司 20 楼前台一名保安经过层层面试被腾讯研究院录取。腾讯公司方面证实了该消息，公司董事会主席兼首席执行官马化腾也通过微博称其故事很励志。这名保安名叫段小磊（英文名 Dream），现已成为腾讯研究院的外聘员工，负责数据整理等基础工作。这个故事被知情人放到微博后迅速传播开来，很快被腾讯 CEO 马化腾看到并转发，两个小时内被转发 20000 多条，段小磊也被誉为"2012 最励志保安"。

用效果说话是腾讯的风格，追上同行是发展过程中的必经之路。腾讯的特点就是：或许没有华丽丽的过程，但一定会有满堂彩的结果。

Business Develop

进化的原动力是学习，猩猩进化成人类也是学习的结果，不断劳动从而集结了大量的智慧，最终使人与动物区分开来。

相比之下，马化腾并不注重对外的营销宣传，但对于学习能力，马化腾却非常重视："现在不熟悉的东西，如果一旦认为战略上需要，你就要努力去学习，不要怕难，也不要认为不可能。如果大家没有一个学习的心态，只想着就搭一个互联网平台，是不可能赢的，因为你的对手会走得很深、走得很上游，它把中间可以减少成本损耗的地方、提高效率的地方和对手做出差异化的地方都找出来的话，你是打不赢的，所以你必须迎头追上，要深入这个行业。很多人觉得腾讯过去十几年有很多事情做得不错，但也有很多做得不好，我们确实也承认。但我觉得我们要坚持一个最可贵的文化或者传统就是我们要保持学习的心态，现在不熟悉的东西，如果一旦认为战略上需要，你就要努力去学习，不要怕难，也不要认为不可能。"

对于腾讯当前的发展，马化腾在 2012 年度员工大会上发表了一篇题为《迎接互联网的"下半场"》的讲话。马化腾指出，随着互联网发展的进一步深入，腾讯与其他同行一样，都进入了"互联网下半场"的发展之中。相对于之前经历的"上半场"而言，下半场的竞争更为激烈，对诸多"参赛"的企业提出了奥林匹克运动一般的竞赛精神——要求视角更高，行动更快，战力更强。为此，马化腾向所有的腾讯员工提出了一点希望："希望腾讯文化永远不断求变，你试了错了立刻改，要找出问题，不顾一切地找出背后的原因，迅速学习、迅速改，这个精神一定要坚持，而且也是你们胜利的最重要的一个因素。"

蓄势学习，本身已然低调。若赶不上同行的步伐就一定没有突破，而且必然会被埋没。

【创新力】没有常规牌 PK 将拷贝进行到底

■情报分析：一边是"看不懂"，一边是"停不住"

不论是马云还是马化腾，从来都没有在创新这一领域停下前进的脚步。

马云出手，认为看不清的模式才是好模式。马云的创新没有准则，天马行空或许是对马云式创新的最好概括。从无到有，由弱到强。马云在创新中享受着开疆拓土一般的快感。别问马云是谁，他是规则的创造者。

马化腾出手，见得到的都想模仿，外人根本堵不住。马化腾的创新是自成一派的，而"改良派"是马化腾的最佳归属。从现有的东西中提炼精华，将不足的地方用技术予以攻克。说是缝缝补补，却又总有意外惊喜，说是大刀阔斧，又有点言过其实。他总是由一个参与者，变成规矩的维护者。

单从作战难度系数来看，马云的风险指数明显偏高，剑走偏锋，大局难料，不过马云向来以其独有的侠士风范一笑而过；马化腾走的道路更为稳妥，稳扎稳打，慢工出细活。这一段可谓是各有千秋，不相伯仲。

把"不按常规出牌"
变成一种思维定式

竞争要义

创新就是超乎别人的想象，合乎自己的情理。

延伸阅读

"不按常规出牌"是马云的习惯，如果马云打牌，那一定是庄稼老手。

"唯一不变的是变化"，这或许是对马云"不按常规出牌"这一特点最大众化的解释。马云说："除了我们的梦想之外，唯一不变的是变化！这是个高速变化的世界，我们的产业在变，我们的环境在变，我们自己在变，我们的对手也在变……我们周围的一切全在变化之中！"

在建立阿里巴巴的时候，不少电子商务公司是面向大企业的，但马云预测，网络的普及可能就是大公司模式的终结。当其他人还没有意识到互联网这个动向的时候，马云就已经敏锐地捕捉到了这一变化。因此，不同于当时任何电子商务模式的、专为中小企业服务的"阿里巴巴"诞生了。

阿里巴巴企业文化中强调创新。马云强调，"唯一不变的是变化"。关于拥抱变化，阿里巴巴的详细阐述是突破自我，迎接变化。对于木行业的特点有深刻的认识，坚信变化是我们的日常生活。对于公司的变化，认真思考，充分理解，积极接受并影响和带动同事。对于变化对个人产生的影响，理性对待，充分沟通，诚意配合。在工作中善于自我调整，具备前瞻意识，建立新方法、新思路。面对变化后产生的挫折和失败，能够重新调整，以更积极的心态投入到改进中。互联网最大的特征是变化。阿里巴巴就处在不断的变化之中。

马云在 2006 年的公司大会上提到："我们认为去年、今年和明年是电子商务的一个积累期，到了 2008 年、2009 年必然有一个爆发。因此我们必须抢在这个变化前先变，而不是等到出了问题再去想法解决。这是阿里巴巴保持变革能力的关键。互联网世界总是充满风险的，谁能拥抱变化并且具有大胆追求的勇气，谁就能在这个领域里生存下去。"环境的变化是个人无法控制的，我们必须懂得用主动和乐观的心态去拥抱变化。虽然变化往往是痛苦的，但机会往往在适应变化的痛苦中获得。马云说："我们阿里巴巴在过去的七年里和我本人近十年的创业经验告诉我，懂得去了解变化，适应变化的人很容易成功，而真正的高手还在于制造变化，在变化来临之前变化自己！"

在马云的手里，创新是一件说干就干的事情。2006 年 9 月 4 日下午，阿里巴巴发布消息，集团旗下的淘宝、阿里妈妈两家公司将合并，新公司采用淘宝旗号。阿里妈妈是阿里巴巴的分支，成立之初，就以帮助中小企业为目的；而淘宝，则是马云成名的利器。这一招双剑合璧可谓创意非凡。马云说："面对全球电子商务未来发展的巨大机遇，为了给网络消费者以更好的购物体验，'大淘宝战略'将在今天淘宝网的基础上超越自己，只有走非常规的发展路线，也只有打造出世界独特的商业模式，我们才有可能实现我们设定的'淘宝十年交易量超越沃尔玛全球交易量'的目标。"马云的这一举动，确实超出了很多人的想象。

创新便是如此：超乎别人的想象，合乎自己的情理。

按照模式做事，这并不是一件不好的事情，更不是缺点。正因为人们有了这种能力，才使得大量宝贵的经验得以传承，使得整个社会的前进有了实质性的推进动力。然而，时代是变化的，社会也不是一成不变的。改变的社会就不能再完全依赖固有的旧知识，必须要引入一些新的内容，这便有了创新的客观需求。

关于创新力的培养，马云也是不走寻常路。和一般的企业上创新课，搞创新理念培训不同，马云组织管理层进行创新学习的方法就是——看电视剧。2006 年，马云在谈"文化是企业的 DNA"这一话题时说："前些天，我组织公司的一些高层看《历史的天空》。这是一部很好的电视剧，讲述了一个农民如何逐步成长为将军的故事。主人公姜大牙一开始几乎是个土匪，但是通过不断学习、实践，不仅学会了游击战、大规模作战、机械化作战，而且还融入了自己的创新，最终成为一个百战百胜的将军。与众多的中小企业一样，阿里巴巴也希望员工像姜大牙一样，不断改造，不断学习，还要不断创新，这样企业才能持续成长。"

不论是上面提到的农民如何转变自己，还是企业突破自身的发展上限，创新的本质是突破固有的局限，创造一个全新的规则。传统概念中的遵规守矩在此并不受欢迎，"不按常规出牌"才是创新的王道。

最好是把它变成一种思维定式。创新需要琢磨，但"要不要创新"这件事情不应该琢磨。

哪有做不到？
只有想不到！

竞争要义

别问我创新从哪里来，它的故乡在未来……

延伸阅读

有人曾说："中国互联网这10年里迅猛发展且又变幻莫测，有不少能够经得起大风暴，又独具判断能力的成功人士，其中的代表就是马云。"马云有着料事如神的独到眼光和创新能力。他总是能够运用他准确、锐利的洞察力，总能比同时期、同行业的人棋高一筹。

2013年5月，马云被胡润研究院评为"2013中国十大创新企业家"，并名列榜首。胡润研究院对马云的评价是"创立了阿里巴巴，引领了中国的电子商务行业"。有人曾说，因为阿里巴巴的B2B没有被世界认可，马云推出了C2C；又因为他的C2C也没有被认可，所以阿里巴巴并购了雅虎的引擎。这些都是外界的猜测而已，马云认为中国的电子商务在未来几年一定会出现突破性的发展，也许3年，也许5年，电子商务在中国一定会超越美国电子商务的模式。

电商行业本身也还在继续深度发展之中，马云的大胆预测还需要时间来进一步检验，但马云本身确实也取得了不小的成就。在胡润研究院推出的中国品牌榜百强名单中，淘宝、天猫和支付宝这三个上榜品牌都是由马云创造的。被胡润研究院评选为"十大创新企业家"的马云、马化腾、任正非等人，都是在各自的领域中，拥有独特的创新精神，并通过创新带领企业的发展和繁荣，从而引领了整个行业的方向。

为什么阿里能够频频创新成功，马云其实自己也思考过这个问题。2011年3月，马云就发表了一篇题为《创新的源泉》的演讲，向世人阐释被社会广泛关注的阿里创新力："我从不使用咨询公司，也很少理会学者的说法，因为他们的理论都是事后归纳出来的。创新绝对不是提前就设计好，按图索骥地一步步走下来。创新没有理论，也没有公式，就是一个个地解决问题。我相信，天下有1000个问题，就有1000个回答。"

马云做阿里巴巴的时候，其实根本没有仔细考虑过该怎么创新，他只是做成了别人想都不敢想的东西。1994年底，马云通过一个偶然的机会在美国接触到了因特网。他在上网时发现，当时的互联网上没有任何关于中国商品的信息，当时就有了稀里糊涂的想法——把这个东西搬到中国去。在回顾这件事情时，马云仍旧非常激动地说道："我当时就想，有一天能够把中国企业的信息放到网站上去，让老外查，让老外去帮中国企业做事情。回到杭州，我咨询了大批的老师，他们都反对。我又请了我在夜校的24个学生在家里讨论，经过两个小时的讨论，23个人反对，只有一个人说你要试试就试试看，我就决定试试看。到工商局注册公司的时候，我花了一个多小时解释互联网公司是什么，工作人员却说这个在字典里没有，于是我建了杭州第一家电脑资讯服务公司。我的创业正是从这家公司开始的。"这次尝试为马云带来了极为有益的启发：敢于尝试其实就是最实际的创新。

支付宝也是尝试的结果，并且很快取得了难以撼动的霸主地位。"淘宝当年做得很热闹，但是没办法交易，中国的网上诚信现状逼迫我们必须解决支付的问题。但是，这个事儿得国家发牌照，我们做还是不做？大的国有银行不愿意涉足这个领域，但是他们不做，花旗银行、汇丰银行这些外资银行就会做。"

马云一方面称赞支付宝的创新，同时又谦虚地指出支付宝并不算创新，"支付宝的模式其实也谈不上创新，甚至很愚蠢，就是'中介担保'，你买一个包，我不相信你，钱不敢汇过去，就把钱放在支付宝里面。收到包后，满意了中介就把钱汇过去，不满意就通知中介把钱退回去。和学者们谈到这种想法时，他们说：'太愚蠢了，这个东西几百年以前就有。早就淘汰了，你干吗还要做？'"

马云从来没有想过去创造一种新的商业模式，推出支付宝只不过是为了解决很现实的问题，至于它在技术上有没有创新，马云根本不去费那脑子。马云看到的是，到今天为止，支付宝的用户已经突破 5.6 亿人，很好用，而且人们生活越来越离不开它。这就足够了。

Business Develop

创新现在人人都提，据说很多企业也开始抓创新，甚至还要考核创新……笔者深深地为这些企业的管理者们所感动，只是有一个问题不太明白：创新这个问题是如何进行量化考核的？

马云曾经说过："创新没有理论，也没有公式，就是一个个地解决问题。"马云自己也坦言，无法给出创新的定律，因为创新不是设计出来的，而他自己的一次次创新经历也是被"逼"出来的。

在马云看来，要创新必须扛得住压力，挡得住诱惑，耐得住寂寞。他最早被人说是骗子，到后来被说成疯子，到今天被称为狂人，但不管别人怎么说，阿里巴巴始终相信自己，他不会在乎别人怎么看待，只在乎自己怎么看待这个世界，如何按照既定梦想一步一步往前走，这是做企业或者做任何事一定要走的路。

创新首先是一种态度，而不仅仅是建立一个强大的研发中心，或者拥有庞大的研发人员那么简单，重要的是把创新延伸到整个公司，是适应新的市场需求，不断拿出更好的产品，不断满足人们对产品价值的要求。因此，创新在很大程度上不是能不能做到的问题，更重要的是能不能想到的问题。

竞争要义

"拿来主义"好！

延伸阅读

腾讯最大的创新能力就是"拷贝力"，走的是"借鉴并改进"的路子。马化腾的"拿来主义"并不仅仅局限于拿来而已。在他看来，要想让产品得到用户的喜欢，就要不断进行创新，并且要在学习的基础上不断创新。

QQ 一系列产品可以说都是"拿来主义"的代表作，其中 QQ 秀就是极具代表性的一个例子。通过虚拟的 QQ 秀来体现现实中无法完成的装扮，这是马化腾的一大创举，同时也是马化腾超强学习力的体现。

2002 年的一天，腾讯产品经理许良在韩国考察，在这里，他发现了一个在当地很受欢迎的 Avatar 游戏。在 Avatar 游戏中，用户可以根据自己的喜好，更换如发型、服饰、表情、场景等虚拟角色的造型，但这些虚拟的造型都是需要付费购买的。许良突发奇想，是否可以将虚拟形象引入 QQ，让 QQ 用户通过虚拟形象传递信息呢？在这种想法下，许良和同事们做出了好几个创意方案，马化腾看到创意方案立刻给予了认可，认为这是一个非常出色的功能创新。

在马化腾的支持下，许良不断学习、研究 Avatar 游戏，同时对市场也进行了深入的研究，最终成功推出了 QQ 秀产品。

"QQ 秀"的推出时建立在年轻人喜好的基础之上的，由于年轻人处于建立人格阶段，他们对自己的形象都存有某种幻想，常常会脱离现实，常常是"理想中的形象"比"真实形象"更能满足年轻人的心理。在这种情况下，年轻人喜欢虚拟的形象多于真实的照片。为了迎合年轻人的这一需求，腾讯就推出了美丽帅气的 QQ 秀。QQ 秀的推出深受年轻用户的喜欢，特别是对于女性年轻使用者来说，可以按照自己的意愿来打扮自己的 QQ 形象，从而满足自己爱美的天性。同时，对于男性年轻用户来说，可以把 QQ 秀当作哄女朋友的工具，可以通过 QQ 秀微女朋友送一些传情的小宠物，这就能博取女朋友的欢心。由此可见，QQ 秀对年轻用户来说不再只是一项功能，而是演化成了使用者虚拟形象气质的一部分。

马化腾为 QQ 秀在卡通形象基础上增添了时尚青春形象，同时融入趣味性和社区属性，完全将时尚与娱乐融合在一起。同时，腾讯还为诸多服饰品牌预留了虚拟店铺，用户可以在其中寻找到全品牌、全系列与现实并无两样的精美虚拟服饰。腾讯在学习的基础上，打造出一种 QQ 秀、服装品牌、时尚杂志三者融合在一起的创新商业模式。

除了 QQ 秀之外，腾讯还针对消费者的消费心理引入了 QQ 空间。在 QQ 空间上可以书写日志，上传用户个人的图片，听音乐，写心情，通过多种方式展现自己。除此之外，用户还可以根据个人的喜爱设定空间的背景、小挂件等，从而使每个空间都有自己的特色。QQ 空间一经推出就深受年轻用户的喜欢，因为在其他地方写博客，很少有人来看，而在"QQ 空间"上写文章，就会有好友来捧场。同时，QQ 空间成为好友间交流的空间，能够满足年轻用户"加强了沟通的深度"的需求。

不管是 QQ 秀还是 QQ 空间，都算不上是 QQ 的"原创"产物，但也算不上是直接拿过来的产品，它们的产品特点都非常鲜明。和初期诸多的批判声相比，目前这些产品都有着非常好的用户反馈。这也不得不引起一个全新的思考，很多人都在批判腾讯的"拿来主义"，为什么就没有人反思这些"被拿"的大当家们是如何被超越的呢？

Business Develop

QQ秀产品之所以能够取得成功，很大一部分原因是基于对韩国"穿衣游戏"的学习，但这不是简单的学习，而是在学习的基础上体现了对用户心理的分析、掌握和利用，超越了简单的复制。

马化腾深知QQ秀作为腾讯用户个人形象的展示平台，需要不断地完善。于是，QQ秀在已有的经典版本基础上不断地升级，将华丽、个性、时尚同特性完美结合。QQ秀本身的定位就是基于QQ平台的虚拟形象设计系统。用户可以用Q币在QQ秀商城购买虚拟服饰、珠宝首饰、场景来装扮自己在QQ、QQ聊天室。2007年，QQ秀的注册用户就已经超过2.5亿。这是一个非常大的用户基数，也为QQ秀乃至QQ未来的发展铺垫了良好的基础。

收费是不可回避的问题。巨资引入的内容自然要为腾讯创造效益，可是定多少钱比较合适呢？马化腾考虑到，只要每个用户愿意花一两元，QQ秀的收入就十分惊人。因此差异化定价，兼顾大众市场成为QQ秀定价的主策略。事实也是如此，QQ秀从两三元到七八元不等，一身打扮齐全差不多也就是二三十元。这些看起来不起眼的花费却有着强大的聚沙成塔效应，腾讯每年有数亿元的营收就是来自QQ秀的这一部分不起眼收入。

做互联网企业很重要的一点就是要了解用户的使用习惯与消费心理。QQ秀与其说是引白韩国的舶来品，不如说是时代的需求。对于企业经营者来说，懂得用户的喜好是最大的优势，反之则是最大的危机。在互联网行业，年轻人是用户中的主体，所以年轻人的喜好成为解决一切问题的关键。QQ秀、QQ空间……这一类型的产品都是牢牢把握消费者需求的产物。虽然都是从模仿中来，但因为有腾讯独特的文化培养，它们成长得都非常迅速，并且让 QQ 帝国的羽翼日渐丰满。

挑个七分熟的创新一下，
然后就全熟了

竞争要义

创新的目标应该是越来越精细，而不是功能越来越繁杂。

延伸阅读

以"拿来主义"著称的腾讯也并非见到什么都拿，腾讯拿过来的产品虽然行业多样，五花八门，但一定有一个共同点——运作成熟。通过腾讯的改造，这样的产品就具备了"最低风险，最佳效益"的特点。

腾讯在做网络播放器 QQ 影音的时候，市面上已经有了诸多类型的视频播放器，整个市场其实已经步入了一个较为成熟的发展阶段。摆在 QQ 影音面前的有网络播放、交流、分享功能等诸多选择，QQ 影音可以选择将这些新功能都纳入进来。但 QQ 影音最终没有这么做，而是选择将这些附属功能统统砍掉，集中精力在强化播放能力、减少占用内存等方面下功夫，最终 QQ 影音的核心性能和速度都在行业产品内领先，推出之后备受用户推崇。

腾讯理解的创新是深入的创新，并不是挂靠一个附属功能这样的小儿科把戏。腾讯在打造 QQ 影音的时候，特别注重技术在核心能力上的应用。随着互联网的发展，720P、1080P 等高清影片逐渐开始在市场上流行，相关的硬件加速技术呈现出日新月异的变化。QQ 影音在打造与完善过程中也纳入了这种播放技术，成功地应用了"轻量级多播放内核"和"高清加速智能启动"等关键技术。在强大的技术支撑基础上，QQ 影音一经推出就极具竞争力。

为了将 QQ 影音的核心能力做到极致，QQ 影音率先应用了显卡类型检测判断、高清媒体格式分类和判断、硬件加速、智能渲染器建立等关键技术，使 QQ 影音具备"高清加速智能启动"功能，这也使得 QQ 影音成为国内第一个可以自动检测高清文件格式、用户显卡能力并智能开启高清加速的播放器。同时，为了提高核心播放性能，QQ 影音还大量使用了 SSE4 指令、编译器优化、多线程开发等技术。最终打造出来的 QQ 影音具备播放启动速度更快、效率更高、CPU 和内存占用更低、操作简单的优点，给用户提供了更好的使用体验。

QQ 影音的成功是有腾讯强大后盾做支持的。2007 年 10 月 15 日，腾讯公司投资过亿元在北京、上海和深圳三地同步设立了中国互联网的首家研究院——腾讯研究院，进行互联网核心基础技术的自主研发。

这个研究院的出现吸引了业内诸多人士的目光。面对业内人士的好奇，马化腾解释道："我们研究院有很大一部分是从事基础性的研究。比如说视频、语音的编解码和传输，这个是要用在我们的视频、游戏里面，这些很难由一个产品部门独立研发出来。我们过去很多（基础技术研发）都是业务部门自己做，做完之后发现不好，浪费精力，难以长期维持。因此，必须有一个基础的研发部门去承担这个基础工作。另外是一些应用的研发，不是专门研究一些用不着的，老是埋在底层的（技术）。大家看到我们比较多的一些长远 PC 上的软件，语音、下载、输入法、浏览器等等这些产品都是在我们研究院和创新部门开发的。一些高难度工作，如果研发团队没有实力去做，就会找研究院去开发最核心的部分。"

有了腾讯研究院的支持，搭配上对再创新产品进行合理选择，因此腾讯总能够成功地攻破现有产品的技术瓶颈，从而让用户体验完成一个质的飞跃。

Business Develop

　　创新应该是让产品越来越好用，而不是盲目地增加一系列全新的功能。事实上，很多互联网企业受"创新"表意的影响，认为产品功能越多，就越能受到用户喜欢，越能吸引用户，因此频频陷入这一误区。这样的想法是非常片面的，取得的结果也往往适得其反。在马化腾看来，做产品首先是把产品的核心能力做到极致，这样的产品才能真正具有竞争力。

　　为了更好地凸显腾讯产品的核心竞争力优势，腾讯加大了对技术研发业务的投入。目前，腾讯研究院设有研究部、无线中心和桌面产品中心三个平行的业务单元。其中研究部偏重于技术研究，主要集中在存储技术、数据挖掘、多媒体、中文处理和分布式网络等几大方向。比如，腾讯电子商务平台拍拍的团队能通过数据分析研究室，了解用户在腾讯新闻上关注哪些东西、最近都搜索什么关键词等，从中掌握用户兴趣，等用户来拍拍购物时，就能为其推荐相关产品。这种方法能广泛应用于 QQ 秀的服饰和 QQ 游戏的道具等各个产品的推荐中。

　　根据相关业内统计的数据显示，2009 年，腾讯研发共投入 11.9 亿元，接近百度研发投入的 3 倍，超过网易研发投入的 5 倍，是中国互联网企业中研发投入较高的企业。从 2005 年至今，腾讯的年平均研发密度（研发投入／销售额）达到 10.3%，这在中国企业中是不多见的。持续的研发投入换来的是腾讯主营业务的不断升级、可适应终端不断丰富、在线产品不断推陈出新。也正因为有强大的技术力量做后盾支持，腾讯才能顺利地进行产品的引入与再创新。

【营销力】营销大师马大嘴 PK 用品牌说话的小马哥

■情报分析：当"意识流"撞上"技术派"

马云是"意识流"，马化腾是"技术派"，一个玩理念，一个玩"干货"。两个人相遇的时候，就像来自两大门派的高手过招一样，虽然各打各的，但又时刻防范对方。

马云曾经说过，产品不仅要"销"，还要注重"营"。马云的营销不靠别人，靠自己，一张大嘴说四方。更为神奇的是，马云说到哪儿，掌声就响到哪儿，以至于如今起到了强大的名人效应——马云说什么不重要，关键是马云说了，就行了。

马化腾不喜欢说话，相较于马云全世界各地地折腾，马化腾更愿意每天花大量的时间和精力，来体验公司的产品和服务。小米科技CEO雷军是曾这样评价马化腾："世上能有几个人做到脚下踩着百亿财富，半夜了还淡定地坐在电脑旁边安静地研究产品？"

有道是偏执的人才能生存，不管是意识流马云还是技术派马化腾，两个人都相当偏执。与其说这是一场战术的较量，不如说这是一次偏执度的较量。

客户赚到钱，
我们再赚钱

竞争要义

只想着自己赚钱，就不要怪别人仇富。

延伸阅读

不赚钱的商人是违反社会道德的，这种不道德类似于老师不上课，工人不做工，农民不种地。不过，就商人赚钱这个问题，马云有自己的一些看法："如果用我的产品帮助客户把口袋里的 5 块钱变成 50 块钱，我们可以从多出来的钱里面拿到我们要的四五块钱。"说得更直白一点，就是"别把赚钱当作公司的第一目标"。

先让客户赚到钱，再让自己赚钱。这听起来是句不错的话，而且在大多数人看来这简直就是"业界良心"——这年头居然还有不以赚钱为第一要义的企业。其实，马云的算盘打得可精了，一来讨了不少用户的喜欢，二来钱不比其他任何一家企业赚得少。说穿了，其实就是马云看得远一点，不为眼前的小利所动。

如此高大上的态度一度让人们表示怀疑。比如著名主持人杨澜曾经就针对这个问题问了马云："这听起来像个圣人。你真是这样想的？你真不是为了钱？"马云回答得非常肯定："我马云比其他大部分 CE0 要坚强的是，我不为钱干，永远不把赚钱作为公司的第一目标。你说到这个就要做到。最后你反过来看自己赚了很多钱，这是个结果，它不是我追求的目标。因为我自己坚信，如果一个人脑子里就想赚钱的话，他脑子里想的是钱，眼睛里是人民币、港币，讲话全是美元，没人愿意跟他这样的人做生意的。"

基本上来说，马云的话还是算数的，起码兑现了让客户先赚钱的承诺。马云的阿里巴巴是仿照美国的电子商务网站建立起来的，但在实际的运作中，却与美国的电子商务网站有着截然不同的特点，为客户打造一个"实惠"并且"实用"的电商平台成为马云和阿里人的努力方向。马云分析道："美国当时的 B2B 电子商务都针对大企业，大中型企业需要的是怎么帮他们省钱，这较难突破。但在中国，主要的客户是中小企业，他们考虑的是马上赚钱，解决生存。而我们的思路正是帮助他们赚钱，让他们通过我们的网络发财。"

阿里巴巴坚信，电商的未来是由客户创造的，阿里巴巴的奇迹也必定由客户来打造，"只要客户赚钱，我们就一定能赚钱。"带着这个理念，马云和阿里团队对于整个客户的培养和企业的发展都保持着极大的耐心，并且非常自豪地说道："我可以很高兴地告诉大家，阿里巴巴一定会培养出无数的千万富翁出来。但是阿里巴巴要把自己的员工变成百万富翁、千万富翁，首先第一个是要有更多的客户因为用了阿里巴巴成为百万富翁，这是最关键的。阿里巴巴的使命是帮助中小型企业，它们的生意做得越来越好，其结果是我们公司也挣钱。"

马云的这种观念在蒙牛那儿得到了印证。在 2007 年 9 月召开的第四届网商大会上，马云说了这样一番话："我们公司高管一起跑到蒙牛的公司去看，别人是怎么帮助两百多万奶农富起来的……只有无数的两百多万的奶农赚了钱，蒙牛才能赚钱。"

这种类似的话，马云在公开场合讲过很多遍。其实马云很愿意讲一些这样的话，从当时的实际情况而言，一来，马云认为这是心中所想，说的是大实话；

二来，当时的电视仍旧是主流宣传媒体，马云每说一次，就相当于给阿里巴巴做了一次免费广告，而且还有电视台的正面包装，效果自然是非常不错。

很多人说马云是在吹牛皮，笔者认为，如果混到了马云这个级别，吹吹牛皮又何妨？信者模仿之，不信者娱乐之便可。

Business Develop

马云无意中说了这么一句话，阿里巴巴就完成了一次有效的营销。其实，马云这么做不仅仅是营销而已，光靠一张嘴往外扔概念，迟早瞒不过火眼金睛的广大客户，更容易被行业竞争者抓住短处，恶意攻击。

马云希望用这种"让客户先赚钱自己后赚钱"的理念，为阿里巴巴树立一个良好的企业生态环境。马云说过这样一段话："全世界最高的楼都是最倒霉的，9·11就是最典型的，你最富别人都是穷光蛋别人一定把你弄死掉，你们是网络，你们怎么赚钱，阿里巴巴比你们稍微赚一点点没问题，这是和谐的基本道理，大家都要强，我的看法是真实的，也就是五年以内发展产业链，发展生态链，昨天在评委会上面跟各位专家老师讲，我不希望今后几年的网商评选数据永远出自阿里巴巴集团，如果再有其他公司的集团说明其他的公司也诞生起来了。阿里巴巴最大的心病是如果有一天阿里巴巴出问题，那网商也会出问题，这对中国是不安全我呼吁大家除了使用阿里巴巴以外，也用其他的软件，这样我们才会有竞争力，否则的话不靠谱。"

在马云看来，今天的钱赚不赚其实意义不大，做企业不像做买卖，要看得更远一些。如果一味"盯着客户的钱袋"，那么最终的结果很可能是赚不到一分钱。所以，马云的思路值得回味："先让别人挣到钱，自己再去赚钱！"

我们家不但
不收钱，菜还更好

竞争要义

免费的活儿就该干出收费的价值。

延伸阅读

免费是有钱人的游戏。马云曾经说过这样一番话："我们家不收钱，而且我们家的菜更好。"这句话说白了就是赤裸裸的挑衅——喂喂喂，别去那些收费的地方了，你看看我们这里，不但不收钱，还比收费的地方强多了。

马云为什么要免费？他不是口口声声告诫创业者们"不要做免费的事，免费就会死"吗？这样做是不是有只许州官放火，不许百姓点灯的嫌疑呢？这一切都要从阿里巴巴和 eBay 的较量说起。

2003 年农历新年刚刚过完，马云便挑选了 10 名阿里巴巴的员工，并将他们一一叫到办公室谈话。马云跟他们说的是同样一件事，说公司有一项秘密任务需要他们去完成，不管愿意与否，员工都必须承诺保密。签订协议后，必须单独与一个团队工作一阵子，这件事谁都不能告诉，包括家人和朋友。这意味着马云心中酝酿已久的"淘宝计划"正式浮出水面了。

早在一年之前，也就是 2002 年，马云就一直关注着 C2C 王者 eBay。这个叫 eBay 的网站成立于 1995 年 9 月，仅用了 7 年的时间就拥有了来自世界各个角落的 4200 万注册用户，而且 2002 年的时候，eBay 以 1.5 亿美元的价格收购了中国首家 C2C 网站易趣网。

国际大鳄 eBay 要来中国抢夺市场，作为中国电商领域一大巨头的马云自然不能坐以待毙，否则必然要将中国市场拱手相让。很快，马云就发现了 eBay 的新动向，在被收购的易趣网上出现了非个人对个人的大宗交易。这个现象引起了阿里巴巴高层的高度重视，电子商务原本就不存在 B2B 和 C2C 的明确界限，个人对个人的交易做大了，实质上与企业对企业的交易并无区别。新成立的淘宝如何与 eBay 抗衡较量呢？

此时，马云打出了"免费"的金字招牌，并且对外宣称：淘宝网的使命是"没有淘不到的宝贝，没有卖不出的宝贝"。这立即引起了诸多消费者的兴趣，毕竟在那个年代，很多东西是无法从传统的经销渠道购买到的。免费自然也不是创办淘宝的目的，而是在短期内快速积攒人气的一种手段。很快，淘宝就获得了大量的支持，并且取得了不错的效益。

2003 年 7 月，在一片质疑声中，阿里巴巴进入被 eBay 中国垄断了 90% 份额的中国 C2C 市场，推出以免费为号召的淘宝网。而且马云的淘宝网将 eBay 的"个人拍卖"改为个人交易网站，重新定义了 C2C。

免费并不是一种能够赚钱的手段，而是一种"入口"战略。"入口"变"现金"，这才是免费赚钱的秘诀。另外，免费只是个手段，唯有创造出比收费更好的服务，比收费网站创造出更高的价值才有机会赢。马云希望所有的企业人都要明白这一点。

淘宝会不会开启收费模式呢？对此，马云分析道："淘宝的免费战略其实算是'放水养鱼'，只要客户认为还没到该付钱的时候，我们就不会收费。"

其实，免费的策略，马云之前已经操作过一次了，那就是阿里巴巴。马云曾说："一开始免费并不意味着要永远免费，收费要等时机成熟。阿里巴巴头三年也是免费，但 2002 年第二季度就实现了盈利，我们必须要弄清楚花钱和烧钱的区别。"

淘宝会不会继续免费下去，现在也并不确定，而且也不重要了，现在马云也不差淘宝收费这点钱。因为马云通过免费战略，不仅击败了对手，而且买到了人心，早已达成了一箭双雕的目标。

Business Develop

并不是每个人都适合搞免费战略，这需要强大的实力做支撑。因次，回头再看，马云的建议并没有太多问题：创业者在起步阶段，没有实力不要轻易玩免费；守业者要根据自己的实际情况来制定免费战略，免费很贵，不是每个人都玩得起的。而且还有一点最为关键，免费从来就不是一个好的赚钱方式。

马云曾经说过："别人看到淘宝网赢了，以为是因为免费，于是都免费。雅虎和新浪合资的一拍网钱比我们多，品牌比我们好，访问量比我们大，也同样免费，又怎么样？ eBay 这两天开始免费了，又怎么样？"

免费不仅不是万能的，而且还有风险，不当的免费战略一定会搬石头砸自己的脚。2001 年末，B2C 网站 My8848 轰然倒塌，其中一个重要的原因就是免费引发的庞大资金压力。当时许多网络公司纷纷从免费网络服务向收费服务转型，单方面撕毁了之前承诺的免费协议，美好的初衷往往经不起残酷现实的考验，曾经的免费梦却遭来了对企业诚信的质疑，这是得不偿失的。

还是那句话，免费只是万千手段中的一种，除非创造出比收费更好的服务，否则不要轻易去尝试，希望以免费来搞定一切的想法更是错到姥姥家去了。不论是创业还是守业，取巧是必须会的技术，但前提是根基要扎实。

像养孩子一样
养产品

竞争要义

好产品不会烂在家里，前提是先得像孩子一样搂在怀里。

延伸阅读

有好产品才会有好品牌。但好产品不是做出来的，是养出来的。马化腾虽然是腾讯的 CEO 了，但在平日的工作里，没少干带孩子的保姆活儿。

马化腾自诩为"腾讯最大的产品经理"，并且表示"任何一个产品都会去看"。《新京报》曾经在一次采访中向马化腾提问，为什么作为上市公司的主席还要管理具体的事物，马化腾非常认真地答道："不看怎么能知道一个产品或者服务到底好用不好用？怎么知道问题出在哪儿？中国市场上这么多款 IM 产品，你不可能全部用过吧？我就差不多全部用过，它们哪些地方好，哪些地方有问题，我都得了解。""腾讯最大的产品经理"这个头衔，哪怕马化腾不主动揽下，别人也不敢去拿。马化腾的业务素养在业内都是非常有名的，业内人士更是将其尊为"最好的产品经理"。

这位产品经理的习惯是从创业之初形成并保留下来的。当时的马化腾虽然一手创办了腾讯，但对外的名片上只是简单地称自己为"工程师"，而且对于产品工程师这个位置，他也非常满意。忙完一天的工作之后，马化腾喜欢利用闲暇的时间来用用自己的互联网产品，看看有没有什么问题，琢磨下哪些地方在使用中可能会出现差错，然后汇总意见进行改进。长此以往的工作习惯让马化腾练就了一手"好功夫"——只要一看到成型的产品，上手用一用就知道写代码的人有没有偷懒。

2008年春节前的一天，腾讯最新一版的QQ即将发布。一名负责技术的主管加班到凌晨4点，原因是因为马化腾刚刚给他回复了一封邮件，邮件中列举了一大堆的问题，包括产品界面、用户体验甚至是具体的一些细节。而且对于自己提出的问题，马化腾也一再叮嘱：进行用户调查之后再做定夺，一定要弄清楚新版即时通信的这些问题是不是真需要改进。大约过了一个星期，这位技术主管找到了马化腾，就上次的邮件工作进行了汇报。在回顾这次经历的时候，这名主管仍旧记忆犹新："这件事对我影响还蛮大的，你可以想象，凌晨，蓬头垢面的大老板，布满血丝的眼睛，敲几段意见给员工，那种洋溢的热情真挺让人感动。"

在腾讯内部，这种事情发生了不止一次，很多人都有过被马化腾"半夜叫醒"的经历：

一名腾讯前员工当时负责的是腾讯"hummer"计划中的交互设计，这个工作在整个计划中是最重要的一项。现在我们可以看到的交互设计模式是，当一方向另一方发出好友申请的信息，在得到对方同意时，就会收到一个反馈弹出框，弹出框上会出现"完成与立刻发起对话"按钮。当时这位员工设计的就是这么一款反馈弹出框，但是他在反馈弹出框上设置的按钮一个是确定，一个是取消。

好不容易完成了这项工作，这位员工把它提交给上司并且抄送给了马化腾。虽然完成了工作，但是这位员工内心仍旧非常不安，因为他知道马化腾对于产品的要求非常严格，连细节都会死抠。在惴惴不安的等待中，这位员工最终还是收到了马化腾的邮件，而这封邮件竟然是在凌晨3点钟发出的。当这位员工发现这封邮件时，内心十分激动，同时也十分不安。在邮件中，马化腾问："如果我选择点击确定按钮，我可以理解为对方同意，那请问取消按钮是什么意思呢？"

这句发问让这位员工恐慌，但同时他也意识到自己的不足，没有做好细节方面的工作。但是，这位员工心里也犯嘀咕，他搞不懂为什么这么大一个 boss 会把一个产品看得那么细。但是，这位员工之后很快理解了，马化腾就是这么一位死抠细节的老板，他为了研究明白某个按钮应该放在哪里，能抽掉两包烟，甚至宅在办公室里一天都不出来。

当年 QQ 邮箱脱胎换骨，超越微软，马化腾功不可没。腾讯找出了四百多个问题进行优化，其中三百多个问题是马化腾发现和提出的。虽然 360 和腾讯打得不可开交，互相将对方视为死对头看待，但周鸿祎多次赞扬腾讯的微创新，并对马化腾做产品的拼命三郎精神予以赞同和尊重。毕竟出一款好产品很不容易，里面凝结的都是产品经理的汗水与辛劳。

Business Develop

腾讯每一款产品的改进都有马化腾的参与。可以说，马化腾很好地诠释了一名产品经理的工作职责。互联网公司的管理者与其他行业是不一样的，必须亲身在最前线，体验会用户的心理和真正需求，一切围绕产品，将产品的服务做到极致，所有管理和工作都要围绕产品和用户体验展开，不能把为了管理人 KPI 而管理。

产品经理虽然不是老板，但是企业守门员、品牌塑造者，更是营销骨干。一个好的产品经理不但能引导产品的发展，而且能引导公司的发展。毫不夸张地说，产品经理是公司的"无冕之王"。马化腾用以身作则的方式提醒了很多刚进行互联网行业公司的管理者们，因为互联网是时刻在变化的，在管理中与其他传统行业有着巨大的区别，不能当甩手掌柜，也不能只关注公司内部的部门和员中间，否则，只有被抛弃、被淘汰。

和马云一样，马化腾也没有花太多的功夫进行产品营销宣传，马化腾走的是用产品说话的路线。一款每个客户都说"好"的产品是不会烂在家里的。

一起感受
"大回响，大影响"

竞争要义

真品牌都不是钱砸出来的。

延伸阅读

2007 年 4 月，一向低调不吭声的马化腾居然冒泡了，并且难得地发表了一篇公开讲话——《让我们一起感受"大回响，大影响"》。虽然标题很有"让我们荡起双桨"的童年意味，但温柔中却隐隐觉得有一股霸气正在徐徐泄露。

大回响！大影响！这些朴实劲道又有画面感的词从马化腾的嘴里冒出来，让人有些意外。看来腾讯是有备而来了。马化腾也做好准备了——不鸣则已，一鸣惊人！

2007 年，腾讯正式在各大媒体投放"大回响·大影响"的品牌广告，这也是腾讯公司历史上第一次大规模投放新品牌广告，"释放 2.3 亿用户之影响力"的广告词中激荡着腾讯对新品牌高度的热情和豪迈。通过这次广告，腾讯希望一改以往人们对于腾讯的品牌形象模糊不清的状况，让"没有一个人可以清楚地用一句话来描述什么是腾讯"的局面一去不复返。

有备而来的腾讯几乎抢占了一切引人关注的焦点机会：2007 年的除夕，

有近 50 万来自世界各地的海外华人同胞通过腾讯平台观看春晚，与国内的亲友在线守岁；"神六"发射的时候，有超过 20 万的网友通过腾讯平台签名祝福；在腾讯举办的"大河之旅"环保活动中，也有 30 万网友参与了网上保护黄河的签名……腾讯希望通过一系列全国瞩目的活动来让"大回响·大影响"的战略得到实质性的推动。

　　腾讯选择在这个时候出手也是有原因的，这其中的过程甚至可以说是"等了好久终于等到今天"。根据腾讯的统计显示，腾讯用户已经成为当时中国最活跃的网民群体，每个网民都希望借网络表达自己的思想和情感，获得共鸣。作为服务最多中国网民的互联网企业，腾讯也应该为诸多用户提供这样一个"大回响·大影响"的网络互动平台。

　　为了更好地推进"大回响·大影响"，腾讯除了积极参与举国瞩目的重大活动之外，还在上海、北京等一线城市大规模投放新的形象广告。同步启动的，则是腾讯借机对即时通信、门户、游戏和个人空间等 4 大业务的重新整合。整合其下各个产品线，全面提升在线生活平台，改变其长期被外界理解成"低龄化、娱乐化"的品牌形象，并延伸品牌的覆盖。

　　在这一次精心筹备的宣传活动中，马化腾也借机向诸多用户表态：腾讯要成为一家最受尊敬的互联网企业，要成为一家利用互联网技术提升人类生活品质的企业，要成为一家一切以用户价值为依归的企业；要更加逐步地明确并清晰企业的发展战略，重视网络的汇聚力、影响力和创造力对于用户的价值；要通过腾讯让世界回响希望，让生活演绎精彩……这一系列排比句式让气势有了更大的加成，一度让人怀疑这番话是不是马化腾说出来的。

　　其实，马化腾的"激动表现"也是对腾讯快速发展的一个侧面展现：从 1998 年腾讯 QQ 第一次开始吸引用户的关注，到 2007 年腾讯进一步打造出拥有 2.3 亿活跃账户的即时通信服务 QQ、中国流量第一的互联网门户 QQ.com、5700 万活跃账户数的 QQ 个人空间、271 万最高同时在线用户数的 QQ 游戏平台……腾讯通过实际的努力营造出了"在线生活"的理念，细分了网民对于资讯、沟通、娱乐和商务的需求。"大回响·大影响"战略的提出，说明腾讯对用户需求有了更为深入的理解，此时大举出兵，无疑是"天时地利人和"的宣传机遇。

马化腾不来虚的东西，但遇到用品牌说话的机遇时，马化腾也坚信，这个机会只属于腾讯。亦柔亦刚，或许这是马化腾最大的魅力所在。

Business Develop

"大回响·大影响"是一次来自时代的机遇，这次机遇将大力推动那些有准备的企业进行产业融合，为社会创造价值。互联网产业在经历了"注意力经济""服务体验经济"后，将进入"影响力经济"时代。此时的中国互联网市场也将同欧美发达国家一样，未来会更多地与传统行业进行深度整合，体现互动平台的价值，也会有更多的企业开始在网络中和他们的用户建立健全的品牌关系。

在这种全新的竞争背景下，如何让企业的品牌脱颖而出成为最为关键的问题。品牌是否响亮并不是通过企业的其他手段能创造的，而是消费者在生活中积累的结果。品牌与消费者有着亲密的关系，这种亲密关系很多时候并不是建立在"高技术"之上，而是建立在产品的体验与品牌的整合传播之上。在消费者心目中留下了清晰、良好并且长久印象的品牌，才是响亮品牌。提升品牌效果的途径有很多条，但最核心的一点就是提高品牌自身的品质，即产品质量。当优质产品给广大消费者带来安心和信任时，消费者才能真正对它产生好感，口碑就由此而产生了。

"大回响·大影响"战略始终是表面功夫，正如前文提到的，决定品牌能否产生回响的因素不是别的，而是产品。

第四篇　首富的底牌：前途光明，钱途无量

【后盾】大生意 PK 小产品

■情报分析：一切都靠客户——不论是商户，还是用户

阿里巴巴和腾讯打到现在，双方最大的资本都是背后的海量用户。只不过两个人的出发点不同，造成了如今用户构成的不同：支撑马云的是海量商户，支撑马化腾的是海量用户。原本两个人的用户交集很小，但随着互联网对生活的影响越来越大，这种交集也在慢慢发生改变。

大到资源运输，小到饼干包子，卖什么都是做生意；上到官员老板，下到普通人士，什么人都需要通信。于是一个有趣的现象发生了，做生意的要用通信，普通百姓也想做点小买卖，两个人之间的交集范围越来越大，单纯依靠阿里巴巴或腾讯的人减少了，两边都使用的人越来越多了。于是，马云、马化腾的竞争焦点发生了变化——如何最大限度地将这部分中间人群稳定到自己的产品下面，成为二马要考虑的问题。所以马云也做通信、马化腾也想做电商。

客户始终是基本，但吃老本可能有点行不通了。马云和马化腾此时会怎么办呢？

让口碑去滚雪球：
千万商家不是一日养成的

竞争要义

好口碑 = 广告抵价券。

延伸阅读

马云曾经说过，要让阿里巴巴成为一家具有责任感的公司，要让天下没有难做的生意。总而言之，阿里巴巴必须相当牛逼。但当时喊出这句口号的马云估计也没想到，在 2013 年的时候，光是阿里旗下的淘宝，每天就有多达 2400 笔交易在进行。

海量的交易背后一定是千千万万的商家支撑起来的，千万的商家也必然不是一日能养成的。马云的方式就是：做好现在的阿里巴巴，让口碑去滚雪球。

为了这个"口碑"，马云可没少做前期的准备工作。

首先是起名字。对于阿里巴巴这个很有国际范的名字，马云可是颇为得意："各个国家的人，每一个人我都问：你知道阿里巴巴吗？他们都知道，而且都能讲到芝麻开门。如今一听阿里巴巴这个名字，很多人都会笑：奇怪，怎么有这么奇怪的事情？你就省下你的广告费了。"马云希望阿里巴巴能成为全球十大网站之一，而传播开来就需要一个容易记住的名字。

其次是买域名。马云几经周旋，花了 3000 美金，好不容易才从一个加拿大人手里买下了 alibaba.com 这一域名。并且很快又抢注了 alimama.com 和 alibaby.com。对于这一行动，马云说"阿里爸爸、阿里妈妈、阿里贝贝本来就应该是一家"，在这样的思路下，马云为阿里巴巴注册了一个"全家福"。"我觉得有一天有人会搞个阿里妈妈来嫁给我们，不然就天天跟我们闹，所以我干脆把阿里妈妈注册下来。"

当然，上述这些都只能算是为后续推广做下的铺垫，对于口碑本身的提高并没有任何帮助。所以马云将更多的精力放在提高阿里巴巴品牌质量上面。

对于诸多企业将重金花在打广告上的做法，马云并不是特别认同。马云曾经非常自豪地说道："自 2000 年开始，我们在国内外的广告预算为零。尽管零预算，但是我们的会员数量已达到 120 万，越做越大，靠的就是口碑相传。"为了提升阿里巴巴在行业内的竞争力，马云让阿里巴巴参加福布斯评选，使得阿里的品牌价值和融资能力得到业内人士的认可；聘请日本互联网投资公司软银的首席执行官孙正义担任阿里巴巴的首席顾问；聘请世界贸易组织前任总干事彼得·萨瑟兰担任阿里巴巴特别顾问……

口碑宣传的主体是市场客户，马云做的就是先取悦客户，后面的事情就通通交给客户去解决了。"欲想取之，必先予之"是马云运作阿里与淘宝的心得。据悉，无论是阿里巴巴还是淘宝网，马云在成立之初都承诺免费注册会员。"淘宝网给大家免费使用三年。"在这免费的三年时间里，马云没有从淘宝中赚到一分钱，还要从阿里巴巴的利润中贴钱来维持淘宝的运转，补贴的额度高达 5 亿元。在马云看来，免费是为了吸引客户，但不能因为免费而丢掉了质量本身，只有不断提高用户的使用体验，免费才能真正达到吸引人的效果。

除了免费之外，淘宝还在诚信保障、支付手段等诸多方面提升用户的使用体验，用优质的服务留住积攒下来的商户。马云一直将阿里的事业当作大生意来看，做大生意虽然也离不开精打细算，但更多的是要用前卫的理念和优质的服务来吸引商家。

没有大格局，哪有大回报？

Business Develop

事实上，淘宝最开始抛出"三年免费"的承诺时，基本上没有人看好马云的这一招棋。很多人心中都有一个疑问：淘宝网这种不收钱的做法到底能撑多久？阿里巴巴究竟得赔进去多少资金？

业内人士提出这种质疑是有原因的。一般来说，C2C 网站的收费来源主要包括以下四大类：交易服务费、特色服务费、增值服务费、网络广告费。其中交易服务费包括商品登录费、成交手续费、底价设置费、预售设置费、额外交易费、安全支付费、在线店铺费；特色服务费包括字体功能费、图片功能费、推荐功能费；增值服务费包括信息发布费、辅助信息费等。虽说上述的每一笔费用单独来看都不算多，但在聚沙成塔的效应下，林林总总的费用加起来也不容小视。如果真的免费三年，没有收入来贴补基本的开支，必然要给淘宝带来强大的负担。

马云不这么看，并且坚信这笔开支是值得的。中国的 C2C 市场还处于市场培育阶段，在这个阶段实行免费策略，能够最大限度地保障商户利益，减轻成本给他们在一个新模式创业期间带来的压力，从而尽早实现盈利。这种方式其实就是以成本换客户，而且还树立了品牌，相当于打了一个有保障的广告。

一度涨停，
吸纳商户的诚信还在吗？

竞争要义

诚信很好，很贵，也很难。

延伸阅读

诚信不值几个钱，因为它变不了现，但诚信能赚很多钱，丢了诚信也能赔很多钱。正是这个"看着虚，玩起来实"的东西让很多商家发愁。商人逐利，因此很难保证在巨大的利益面前，诚信这个东西还能剩下几分干货。

对于阿里巴巴而言，诚信一直是十多年来最有讨论价值的话题，成败是非都与这个词有着莫大的关系。马云是因受骗而入行的，但他相信，骗别人的人一定有一天会倒霉，因此这几次的受骗经历反而让他的信念变得更加坚定。

2001 年底，当时的知名电商网站 My8848 轰然倒塌，从辉煌到破产，仅仅不过 2 年时间。这仿佛成为一道导火索，引爆了整个电商网站的诚信危机。由于电商这个"新概念"省钱、省事并且没人监管，稍微有点钱的都尝试着做电商了，钱再多点的就开始搞规模扩张了，使得电商行业一度陷入无序的混乱之中，假冒伪劣、以次充好等问题是家常便饭，网上消费屡屡被骗已经不是新闻。这样的局面让网民开始排斥电商，如果不加以制止，电商的发展有可能直接被政策叫停。

看到这种状况之后，作为后来者的马云在琢磨一件事情：如何解决电商的诚信问题将成为进入电商领域的头号难题。为了确定自己的想法，马云协同阿里巴巴的相关工作人员做了一次长期的客户调查，最后调查显示：87%的电商企业主担心虚拟市场的诚信问题得不到解决，从而影响自身的利益。马云认为：随着B2B领域发展的日渐成熟，资金或技术都不能成为最终制胜的秘密，唯有诚信才能带领企业走到最后。但当时存在的最大问题就是：国内在线支付系统不发达。邮政网络滞后、诚信环境缺位，没有一个安全支付的环境，电子商务发展就会被扼杀在摇篮里。如果诚信体系不建设好的话，电子商务信息流就会变得毫不值钱。随着阿里巴巴的进一步发展，规模越来越大，商户越来越多，会员之间获取信息的渠道越来越丰富，同时也让虚假信息有了更多的可乘之机。

经过一番思考，马云想到了一个办法：拿"诚信"和客户交换金钱。2002年3月，马云开业界先河地与信用管理公司合作，推出了"诚信通"。马云说："我们有一个口号——只有诚信的商人能够富起来。为什么这么说？因为电子商务进行到后来，就会遇到一个独木桥，那就是社会诚信体系。电子商务是在虚拟的网络平台中进行的，如果没有诚信，最后做不成生意。"就这样，马云带领着阿里巴巴，踏上了一条重塑网络信用的道路。

阿里巴巴的信用一度成为业界的标杆，通过相关的数据监测，马云发现开通了"诚信通"的会员比普通会员成交量大十倍。哪怕费用高达2300元，很多会员也争着要。这样的局面持续了很长的一段时间。

然而，拥有"诚信通"光环的阿里巴巴也不是完美的。2011年2月21日，一封来自阿里巴巴内部的邮件被公开，阿里涉嫌欺诈的丑闻被公之于众，顿时引起社会一片哗然：经过阿里巴巴专门调查组近一个月的调查，发现B2B公司的中国供应商签约客户中，2009、2010年两年间分别有1219家（占比1.1%）

和 1107 家（占比 0.8%）涉嫌欺诈，骗子公司之所以得逞，是因为公司直销团队中有近 100 名员工为了追求高业绩，明知是骗子公司依然默许甚至协助这些骗子公司加入阿里巴巴平台。在高业绩的压力下，阿里巴巴从上到下都忽略了"价值观"这一底线，致使诚信公司发生了不诚信的问题。

为了最大限度地挽回公司形象，马云以迅雷不及掩耳之势处理了这场危机事件。"我们必须采取措施捍卫阿里巴巴价值观！所有直接或间接参与的同事都将为此承担责任，B2B 管理层更将承担主要责任！目前，全部 2326 家涉嫌欺诈的"中国供应商"客户已经全部做关闭处理，并已经提交司法机关参与调查。"尽管是一场"阵痛"，但毕竟使阿里巴巴在公众面前挽回了形象。

做大生意的人讲诚信，对不诚信的行为零容忍，马云似乎在用他的行动证明着自己的承诺。只是笔者有点担心：历经风波考验的阿里，曾经那种"诚信走天下"的饱满底气可能要打一些折扣了。

Business Develop

不得不说，马云和阿里算是摊上事了。这事不是靠马云几次演讲能够搞定的。可以说，与过去的阿里相比，现在的阿里面临着"诚信危机"，特别是 2011 年的阿里欺诈案、支付宝股权之争、淘宝新规风波……2011 年是阿里的多事之年，一连串的事件让马云也直呼扛不住。

对外，马云看上去与以往差不了太多，该说的要说，该做的要做。"淘宝商城修改规则，导致了很多人来闹事，他们不是毫无道理，我仔细倾听了很多，我觉得我们要反思。我们准备怎么进行改变？第一，阿里巴巴集团，淘宝商城，我们不会违背原则，我们决不会因为压力而退半步。什么是我们的原则？维护电子商务的诚信，打击假货，保护知识产权，我们决不会退后半步。但是我们对自己工作上面的不足、方式方法，我们进行全面的反思、总结。有人说是妥协，原则我们决不妥协，我们不可能妥协。因为今天淘宝不跨过诚信这个挑战，不跨过品质的挑战，那么未来三年五年都会出问题……到今天我还是坚信人性是向善的，我还是坚信，诚信是有价值的，是可以变成钱的。"但是对内，马云在面临这一系列事情的时候，据说在自己的手心一连写了5个"忍"字。

马云的理念还是对的，至少在对外的说辞上，表达的观点是对的。马云认为做企业就是要坚守诚信，并实实在在做好它。他曾说："诚信绝对不是一种销售，更不是一种高深空洞的理念，它是实实在在的言出必行、点点滴滴的细节。"

不过，马云也最后道出了一句掏心窝子的话："做商人难，做诚信商人更难，建立商业信任体系更是难上加难。"其实，笔者一直在揣摩，经过不平静的2011年，马云第二年说的这番话真的是在告诫大家吗？这句话到底是说给马云自己听的，还是说给马云自己听的呢？

有一种调调
叫“用户喜欢”

竞争要义
“用户喜欢”是一种买不到的爱。

延伸阅读

“用户喜欢”不仅是腾讯想要的调调，也是腾讯对产品做出的硬性要求。

马化腾曾经在腾讯内部说过一句话：“产品经理要把自己当一个挑剔的用户。我们做产品的精力是有限的，交互内容很多，所以要抓最常见的一块。”

什么叫常见呢？举个例子就很好理解了——卸载。据说仅仅是关于研究用户卸载一款产品的过程，腾讯工程师就能做出 30 页的文字报告。这种细腻程度放到其他公司，估计员工要直呼“吓尿了”。

这种类似的事情还有很多。马化腾在腾讯研发部“产品设计与用户体验”的内部讲座中说过这样一段话：“流量、用量最大的地方都要考虑。规范到要让用户使用得舒服。要在感觉、触觉上都有琢磨，有困惑要想到去改善。如鼠标少移动、可快速点到等等。像邮箱的‘返回’按钮放在哪儿，放右边还是左边，大家要多琢磨，怎么放更好，想好了再上线测试。对同一个用户发信，在此用户有多个邮箱情况下如何默认选最近用的一个账号。这些需求都小，但你真正做出来了，用户就会说好，虽然他未必能说出好在哪里。产品的使用要符合用户的习惯，如写邮件的时候拷贝东西，更多人习惯用键盘来操作。虽然有些技术难度，但也可以解决，交互，对鼠标反馈的灵敏性、便捷性。"

为了更好地把握住消费者的用户需求，打造出用户喜欢的产品，腾讯还专门对网络用户进行了分类，初步分成了五种：

第一类，交流依赖型。这一类用户年龄相对较小，主要分布在我国的四线城市即大部分地级市和经济发达的县级市，职业以学生、自由职业者和普通企业职员为主。网络对他们而言所起到的主要作用是交流沟通，满足情感联系的同时，进一步了解世界、开阔视野，为自己的事业进步增加新机会。在生活价值观方面，他们具备充实自己和为梦想而努力的心态，并为此付诸行动。他们最经常使用的网络应用是即时通信工具。

第二类，社交依赖型。用户中居住于一线城市即北京、上海、广州、深圳等经济发达的城市，收入偏高的中层管理者。他们是大都市里典型的忙碌一族，面临着来自生活、工作等各方面的巨大生存和竞争压力，有强烈的好胜心，追求高品质的生活及大品牌带来的满足感。在繁忙生活之余，他们最热衷于在社交网站和圈子内的朋友展开各种互动活动，如玩玩益智小游戏，看看朋友的转帖等，放松身心。

第三类，交易依赖型。25～34岁群体是主体。在职业上，处于中层管理者和专业人士的比例明显更多，收入水平相对较高。日常工作的忙碌，让他们追求简单、便捷、足不出户即可实现一切的高效生活，生活态度务实而踏实；依赖品牌、注重体面和内在品质。这些人是典型的网购人群。由于具有高度的务实主义精神，他们对网购的方便性非常重视，网民口碑是他们做出购物决定的重要参考。

第四类，信息依赖型。一线城市用户在这类人群中比例较高，中年人居多，事业发展良好，多为中层管理者、专业人士和自由职业者。他们非常希望通过网络实现自我工作能力的提升。最常使用网络收发邮件、使用搜索引擎及阅读新闻资讯类内容。这类人希望通过网络这个窗口开阔视野，乐于通过网络解决现实生活里遇到的各类问题。

第五类，消遣依赖型。来自四线城市的用户比例相对较高，人群偏年轻。具有"娱乐至上"的生活态度，大部分时间都在网上度过，他们就是传说中的"网虫"。不甘于平淡的他们，喜欢在搞笑视频、网络游戏里寻找刺激和成就感，逃避和释放在现实世界中的不满。

做出这一份数据分析的目的不仅仅是为了通吃，而是为了长久地通吃这五类人群的上网入口，全方位满足他们的一切需求。打造深受这一批用户喜爱的产品。

在这个用鼠标投票的年代，用户喜欢就是最大的喜欢。别看马化腾表面上关注的只是一个个小产品，甚至只是小产品的某一个细节，他想要的其实是整个市场。

Business Develop

在产品处理上，马化腾很好地诠释了什么叫"细节决定成败"。在产品设计上，除了照顾消费群体的个性需求之外，同时也兼顾大多数人的审美需求。比如在设计方面，马化腾就提出了几条建议："不强迫用户。如点亮图标，如QQmail，不为1%的需求骚扰99%的用户。操作便利。如QQ音乐，新旧列表，两者都要兼顾到，如QQ影音的快捷播放，从圆形到方形，最后因为影响性能而放弃。淡淡的美术，点到即止。如QQmail在UI界面上的启发，不用太重也能做得很好。图案和简洁并不是一对矛盾体。"

有网友曾经发过一个盘点贴，对QQ登录界面历年来每一个版本的变化进行了总结，甚至连世界杯、奥运会、香港回归纪念版等等都没有漏过。诸多版本的汇聚很好地展现了产品细节的微小变化。不经意间，这些细节就承载了一代 QQ 用户的时代记忆。单单从产品的角度来说，腾讯这种从"根源"上就关注用户体验的公司，其他任何一家公司难以望其项背。

腾讯从开创至今，一直以用户价值为依归，前瞻布局、推陈出新，并且要将这种状态继续传递下去。马化腾领导下的腾讯一直在变，一直在求新，但不变的只有一条：认真挖掘客户的潜在需要，做用户喜欢的产品。

小产品，
大平台

竞争要义

让优秀的产品在平台上跳舞。

延伸阅读

互联网是一个开放而美妙的世界，因为相互开放，即使远隔千里的用户也能在特定的虚拟世界中交流互通。当这个特定的虚拟世界承载了大量的用户时，就可以称其为平台。在这个时代，平台观念是很重要的，互联网企业要做的就是搭建好平台，以开放协作的态度来拥抱每一个竞争者，每一个合作伙伴。

QQ 对战平台是腾讯明确提出的第一个平台。2004 年 7 月，QQ 对战平台正式上线，从此广大竞技游友们有了一个在线 PK 的舞台。通过 QQ 对战平台的帮助，任何可以通过局域网的联机的游戏都可以在平台上通过局域网方式游戏，不再需要专用的服务器，也不再需要记住复杂的 IP 地址，玩家很方便就可以和其他人共同游戏。平台上的每一个房间里所有玩家就如同在一个网吧中，大家通过局域网任意互通，与其他的玩家一起游戏，互相切磋，大大提升了游戏的趣味。

2005 年，马化腾又做出了一个预测："互联网的下一个 10 年将是'网络生活化'的 10 年。"在这个十年里，很多原本存在现实生活中的东西都可以搬到网络上去，通过这些虚拟元素，能够打造出一个全新的在线生活。在马化腾的脑海里，未来的腾讯要成为中国人在线生活的一个符号。"只要一提到 QQ，一提到腾讯，就会联想到在线生活。"马化腾希望通过腾讯的力量来打造中国最大的网络社区，满足互联网用户的在线沟通、资讯、娱乐和电子商务等需求。马化腾将其称为"一站式在线生活服务"。

就这一个计划，马化腾描绘了一个腾讯未来的蓝图："今天，腾讯的目标就是要搭建这样一个网络生活的平台，大家都知道，腾讯公司是从专注于互联网即时通信起家的，目前已经拥有了包括消费者的 QQ，再到企业级的 RTX，这一套完整的即时通信的产品线。这是我们的基础，也是一个纵向的核心。同时，在横向方面，我们经历了一年时间的不断完善，极大扩展和丰富了我们的 qq.com 门户网站。未来，在深度整合的基础上，腾讯将采取'一横一竖'的业务模式，原有的即时通信工具和门户网站、互动娱乐服务，以及包括多媒体、音乐、电子杂志等在内的网络内容服务和电子商务。"

随着互联网的发展日益呈现出社区化的特点，网络社区用户之间的信息共享日益成为当今网络世界的重要交流纽带。腾讯更是竭尽所能，将腾讯的相关产品接入平台之中，既增加了腾讯产品的实用度，也为客户提供了一个更为广阔的互联网生活圈。在打造开放平台的理念下，腾讯打造了很多接入平台的产品，如：腾讯朋友、QQ 空间、腾讯微博、财付通、电子商务、搜搜、QQ 彩贝联盟等，各种平台的活跃人数累计达数亿人。

在这样的大环境下，社交网络平台上来自好友之间的"转贴""分享"等行为已经成为中国网民最为热衷的一种信息传递和分享方式。随着社会的发展，以及互联网技术的进步，人们寻求分工和协作的范围扩展到整个网络。便逐步开始了网络的社会化，逐步建立网络上的社会关系，并将这种社会关系演化成为现实中的关系，逐渐发展成为社会化网络平台，并且直接导致"泛平台"时代的形成。

马化腾坚信，这个通过技术搭建的平台，至少应该能与真实的世界一样宽广，因为它具有极强的包容性和延展性。所以，腾讯仍旧在做着最大的努力，尽可能地开展平台的建设，同时打通平台与平台之间的联系，让更多的用户能通过腾讯自己的产品，享受更加美好的互联网生活。

Business Develop

腾讯早已不是当年那个靠着 QQ 一粒棋子打天下的腾讯了。如今的腾讯已经渐渐形成了自己独特的全价值链网络生态系统，为用户提供了一站式的在线生活。"这样的布局，可以服务更多的用户数量，可以搭载更前沿的技术，更为重要的是，在此基础上，可以扩展更广泛的网络增值业务，满足并实现更多的用户需求。我们希望，通过这个平台，人们可以利用网络提升生活质量和工作效率，使网络成为人们日常生活、工作和学习的重要组成部分。"

仅此而已吗？腾讯到底是凭什么发展起来的？是时代还是运气？这个问题引起了很多业内人士的思考。很多人在研究腾讯的核心竞争力时发现，腾讯真正赖以发展的基础是通过社会关系网络扭结在一起的强势用户关系。这群用户相互之间不断交流，形成一种相互依赖的关系，才能真正成为竞争力。马化腾正是很多年前就看了网络社区这一趋势，围绕社区平台做文章，才让 QQ 火爆起来，再加上产品做新、做精的推动力，更使得腾讯的产品形成一种锐不可当的攻势，从而快速且稳固地抢占市场。

不过，在泛平台的时代里，腾讯本身也要受泛平台的影响，在为广大用户创造一个更开放平台的同时，自身也要处于一个开放的环境之中。因此马化腾提到："任何一个产业的繁荣都离不开用户、政府领导、业内厂商、上下游合作伙伴和媒体等方方面面的大力支持。腾讯是一个年轻的企业，腾讯非常愿意和在座的各位及业内合作伙伴一起，共同开创一个'网络生活'的大场面，用更多更好的产品和服务回馈我们的网民与用户！"

【经管】六脉神剑+独孤九剑PK"很粉很年轻"+混合双打

■情报分析：走自己的路，管自己的人

性格不同，处事方式自然也就颇有"个性"。同样作为大企业的管理者，马云和马化腾就走了两条截然不同的路子。比如风风火火的马云就喜欢"独孤九剑，剑走偏锋"的新路子，用强大的"六脉神剑"定住企业的军心；低调隐身的马化腾，则在"图样图森破"和"西装粉领带"的伪装之下，悄然地展开自己的宏图大略。

两个人的个性都是非常鲜明的，都喜欢走自己的路，并且管自己的人。以职业经理人为例，马云和马化腾的看法就截然不同。

马云曾经说过的一句话非常明确地表明了他的态度："我反对职业经理人，在我们公司，只要是职业经理人，我一个不留。我已经证明了，职业经理人很难训练，需要有领导职业经理人的素质，但绝对不能让职业经理人管你们公司，那是不可能的。"

而马化腾则考虑到，自己一点点的学习可能赶不上时代进步的趋势，因此凡是自己不会的，就想办法找副手，公司里面没有，就想办法去外面挖。如今，马化腾将腾讯的市场、销售以及具体业务线的工作都交了出去，自己专心做战略研究和产品体验，实行双打管理。

从现状来看，马化腾的后劲非常强大，马云不得不加以堤防。台风过境之前往往是出人意料风平浪静。

独孤九剑，
出手无招

竞争要义

有一种创新叫"破坏式创新"，有一种颠覆叫"创造性颠覆"。

延伸阅读

任何一个企业家创办企业，一定有各自不同的初衷。不同的出发点、不同的个性、不同的条件……这些因素必然决定了每一家公司的经营管理都各有特色。

马云亦不例外。他有着独特的企业家情怀，在创立阿里巴巴的时候曾经说过："世界不需要再多一家互联网公司，世界不需要再多一家像阿里巴巴一样会挣钱的公司，世界需要的是一家更加开放、更加分享、更加责任，社会需要一家社会型的企业，来自社会，服务于社会，对未来社会充满责任承担责任的企业，世界需要的是一种精神，一种文化，一种信念，一种梦想。"对于这样一类企业的打造，马云的方式就是——独孤九剑，出手无招，经营管理各有一套。

独孤九剑是金庸小说中"风清扬"的招式。马云自诩为风清扬，因为他就喜欢这种"行云流水，任意所至"的调调。"独孤九剑"讲究"不拘泥，随机应变"，即"剑招是死的，人是活的，活用剑招的最高境界是从有招到无招"。马云将风清扬对武学的认识拓展到了企业的经营管理上来：一个人不可不学，更不可被学来的东西束缚，将任何言论奉为教条，这种言论就成为最大的束缚。每家企业都应该有自己的活法，不应该为他人的做法所牵绊。因此马云的每一次出手都显得非常大胆，因而有了"招无常形，大胆求新"的特点。

虽然，阿里巴巴并购雅虎的结果是不理想的，但这其中的很多思维仍旧可圈可点。在阿里巴巴成功收购雅虎中国三个月后，雅虎中国新的首页正式改版：昔日眼花缭乱的首页被简洁的页面替代。对于雅虎中国的将来，马云有着自己的算盘：做中国搜索市场上的第一。在并购之前，包括雅虎中国、3721、一搜等"雅虎系"在国内搜索引擎中排名第二。但如果把其中的三个搜索引擎各自独立开来，则力量都显弱小，品牌知名度和美誉度也不高，无法和百度、Google 抗衡。当很多用户已经习惯于使用百度、Google 之后，怎样把他们拉过来成为雅虎中国的用户，成为阿里巴巴要迈过的一道坎儿。

马云选择了娱乐营销，娱乐营销也算是马云的创新了。马云说，如果自己没有看过《天下无贼》，阿里巴巴不会有这么大的改变；在看过《天下无贼》后，他才明白娱乐代表未来。马云甚至表示雅虎在未来 3 年内要把中国的娱乐进行到底，把娱乐彻底大众化。2005 年 11 月 21 日，以 8000 万元人民币夺得央视《新闻联播》后 5 秒广告标板；之后又在 2005 年 12 月 1 日，成为华语音乐榜中榜的首席赞助商；2006 年 1 月 4 日，花费 3000 万元盛邀陈凯歌、冯小刚、张纪中三大名导演围绕"雅虎搜索"主题各自创作一部时长 2～3 分钟的网络电影短片，以展现雅虎搜索的新形象；随后又联手湖南卫视和华谊兄弟，打造全新的 2006 年娱乐表演秀"雅虎搜星"。短短半个月时间，马云就"烧"掉了超过 1.1 亿元人民币。

娱乐营销让马云尝到了甜头，在娱乐时代下，马云又推出了娱乐宝。"娱乐宝"的宣传广告是：让每一个人都能当"电影投资人"。这便是马云的风格，没有人这么做过，所以每次马云做出一个新的举动，就会引来人们的关注。这次也不例外，娱乐宝的广告就引起了很多人的兴趣，人们纷纷将目光聚焦阿里，看看这个"娱乐宝"，马云到底想怎么玩。

Business Develop

在创业的道路上，马云一直毫不动摇地坚持自己的理想。如果要对这个角色进行定位描绘的话，马云绝对是阿里商业帝国的守望者：纵使最困难的阶段，他也微笑面对，越战越勇。

在阿里十周年的讲话中，马云提到："从 18 个人到今天 17000 个员工，我们将永远坚持员工第二（客户是第一位的），我们将永远也不仅仅满足于创造更多的百万富翁，我们关注员工的幸福感，阿里人我们共同努力，在 2010 年我们设计、打造阿里人员工的幸福指数。我们希望员工不仅仅是物质的富有，是精神的富有，我们希望员工有成就感，为社会认同，被社会尊重，我们永远坚持认真生活、快乐工作。"阿里巴巴不仅要做得强大，更要做个"快乐的青年"，不管在哪个阶段，马云始终没有忘记这一点。

越是功夫境界高的人，常人越难以理解，自己也会越孤独，所以马云是个孤独者。他始终坚信自己是对的，纵使遭遇暂时的挫折，也会用"左手温暖右手"来宽慰自己。他认为网络只是一个工具，通过创办中国黄页，开始互联网的征程。他认为客户都是懒人，但是企业不能把灾难当公关。他强调企业发展速度要比兔子还快，但要比乌龟更有耐心，经营企业要有所为有所不为。马云虽然孤独，但凭着独特的创业理论和智慧，剑走偏锋，所向披靡。

创业者如果一味跟随别人的理念和方式，终归难以超越别人，甚至在襁褓中就被竞争对手扼杀，因此马云运用自己独特的理论，屡战屡胜。

如何打败熟读兵书且经验丰富的将军？那就是打怪仗，打新仗。马云便是如此：看不懂，却又很实用。

阿里的价值观
叫"六脉神剑"

竞争要义
"六脉神剑"讲的其实是"舍"与"得"的故事。

延伸阅读

"六脉神剑"出自金庸的武侠小说《天龙八部》,是大理段氏的最高武学,创始者是大理开国皇帝段思平。剑法包括:少商剑、商阳剑、中冲剑、关冲剑、少冲剑、少泽剑六个部分。六脉神剑的奇妙之处在于"指力所能及的地方,有如有一柄无形的剑。无论是横扫或虚指,均可伤敌。"马云将"六脉神剑"的精髓引入阿里巴巴的管理体系之中,希望以阿里的六大价值观构建阿里巴巴的企业文化体系,为阿里巴巴形成一股强劲的凝聚力。

摆在六大价值观之首的是"客户第一"。马云说:"说员工第一,这太假,有可能变成大锅饭;说股东第一,则有可能重复安然(美国大公司,后破产)的旧例。我们坚持的客户第一,就是要为社会创造价值,服务客户。"正因为阿里巴巴认可"客户第一"的观念,因此才会提出"先让客户赚钱,再赚自己的钱""让天下没有难做的生意"等理念。每每提到这里,马云都会自豪地说:"在阿里巴巴,客户永远是第一位的!"

第二点是诚信。马云因为在创业之初受过不少骗，因此对于任何不讲诚信的人都非常痛恨，至少在创业初期，马云一直坚持着这一点。他曾坚定不移地对公司内"吃回扣"的现象予以打击。当时的阿里巴巴条件并不是特别宽裕，属于那种给回扣，公司也许就能活下来，不给回扣，随时可能都会倒闭。经过深思熟虑之后，马云做出了一个艰难的决定："从今天开始，公司永远不给任何人一点回扣，如果谁给了回扣，就请离开公司……在公司的采购上，我们在合同上也同样写明了合作公司不准给回扣，哪怕只是一颗糖，你也得给我拿回去。如果发现哪个公司这么做了，那么我们永远不会和它合作。我们相信，我们不需要进行桌下交易，这样的伙伴也不会好的。"当然，也正如前文提到的一样，这是很难做到的事情。马云的六脉神剑能否运用自如，这一点起了决定性作用。

第三，阿里巴巴从企业到员工都要富有使命感。马云将阿里巴巴定位为一个由使命感驱动的公司，是一个发展目标明确的公司。马云说过，要让阿里成为一个"102年的企业"，要让阿里成为一个有责任感的企业，要成为世界著名的企业。在这一点上，马云已经完成了一半的工作。

第四，阿里巴巴希望每一位员工都充满敬业精神。关于一个员工是否敬业，马云认为从平日对公司的牢骚以及离职之后的表现能够看得出来："我现在发现很多人一离开一个公司就开始骂这个公司，这样不好。我建议学弟学妹们，如果发生什么事情离开一个公司时，不要抱怨，抱怨只会让你更不受人尊重，这是没有职业道德修养的一种体现。"对于工作感到乏味，成天抱怨说"没意思"的员工，马云的建议是："既然没意思，那就辞职吧。"

第五，激情是保持工作能量的重要因素。激情来得快，去得更快。工作中容易让人产生激情的东西要么就是工作成就，要么就是到手的工资。但工作中无处不在的困难和失败往往又会时不时地浇下一盆凉水。所以马云告诫员工："你可以失败，可以失去一个项目，但是你不能放弃。一个员工第一天晚上很晚下班，疲惫地离去；第二天一早，他又笑着回来了，这就是激情。激情是可以传递的。这样一来，整个公司的氛围就变好了。"

第六，所有的阿里人都要朝同一目标前进。在阿里巴巴成长的初期，遇到最大的意外就是非典。2003 年 5 月，阿里巴巴发现一例非典疑似病例，五一长假后的第一天，马云当机立断决定实行自行隔离，整个公司也进入特别戒严状态。除了阿里之外，其他传统业态也陷入一片萧条之中。然而，阿里并没有被意外到来的困难吓倒，而是开始寻求自救之路。阿里巴巴在主页上推出"阿里巴巴携手百万商人，同舟共济，反击'非典'的大型主题活动。通过"上网做生产，化解非典危机；成功贸易，反击非典；非典现状；非典商机；商人看非典；非典 VS 广交会；非典 VS 经济"等七个专题，全面解析非典时期的经济活动。非典造成了行业的低迷，但阿里巴巴却成功地把握住这次机遇，向众商家宣传如何利用电子商务度过危机。一时间，业界的目光都被阿里抢夺，阿里也成功地渡过了最为艰难的时期。

直到今天，当再被问及阿里巴巴为什么行的时候，马云还是那句话："我们有六脉神剑。"

Business Develop

阿里巴巴企业文化"六脉神剑"的价值体系原文如下：

客户第一：客户是衣食父母；

团队合作：共享共担，平凡人做非凡事；

拥抱变化：迎接变化，勇于创新；

诚信：诚实正直，言行坦荡；

激情：乐观向上，永不放弃；

敬业：专业执着，精益求精。

这六点虽然分指六个不同的方向，但却也一脉贯通，内涵一致。总的来说就是希望阿里巴巴的所有员工在心态上能够做到"先有胸怀，方有情怀"，在能力上做到"举重若轻，进退自如"。阿里的"六脉神剑"也是对马云精神的最佳诠释，不管是经商智慧还是竞争意识，无论是管理理念还是创业的执着，其实都是一种质朴的商道哲学。

是"很粉很年轻"，
不是"图样图森破"

竞争要义

心无界，力无疆。

延伸阅读

破个题先——"图样图森破"，火爆的网络语言，从"too young too simple"音译而来，大意为"年纪太小，想法简单"。

很早以前就有人对马云和马化腾的长相做出了一番评价。经过人们的公认，这两位"马姓大咖"长得都很特别：马云属于"特别不好看"的一类，而马化腾则属于"特别不像 IT 人士"一类。

"先入为主"的第一印象深深地留在人们的脑海之中，似乎只要是作为企业的大佬就应该长一张"标准领导脸"。这二位因为略显出格而常常成为人们的话题，严肃的商业评论渐渐地显露出了一丢丢娱乐八卦的意思。马化腾1971 年出生，今年不过四十来岁，斯文年轻的外表、温润如玉的性格一度让人很怀疑马化腾到底有没有领导能力。笔者也挺纳闷，这种工作能力的事情，什么时候也轮到要"看长相"了？

那么，马化腾是不是真的"图样图森破"呢？低调的马化腾也没有出来辩驳什么，只是埋着头做自己的工作。如今，市面上由腾讯出品的产品越来越多了，而且以QQ和微信为首的产品牢牢占据着自己的地盘，它们似乎用自己的成绩在为马化腾的实力做证明。

马化腾虽然很低调，但个性的本质却非常张扬，前文已经点评过，马化腾是"闷骚派"的典型代表。外人眼里的"图样图森破"实则是"很粉很年轻"。想法多，思维广，套路新，而且爱戴粉色领带，谓之"很粉很年轻"。什么潮做什么，什么好玩跟什么。和诸多大佬动辄大理论大道理不同，马化腾工作之余就去体验下自己的产品。腾讯都做啥产品？游戏、交互工具、社交平台。那么笔者可以做一番猜想：马化腾先拉着一队死党去QQ游戏中大战几个回合，然后用QQ或微信约几位圈内好友出来吃个饭，打开腾讯地图搜罗一下可以消费的场所，进入QQ团购买个东西顺便再用财付通支付一下。回来之后用QQ邮箱给诸多事业部的负责任提一提"体验中"遇到的不顺，然后加以改进……顿时觉得马化腾的工作好有趣的样子。

很多人都说，马化腾的性格不符合"年轻气盛"的特点，展现的完全是一副低调潜行、与世无争的样子。实在不知道该说马化腾是忍耐力太好还是伪装性太强。一个微信就要吃掉阿里巴巴，垄断移动支付的入口……光是这一个例子就足以表现马化腾的野心了。老虎不发威，大家把他当猫看，老虎一发威，马云都气得跺脚要放火烧了南极洲。别看马化腾四十来岁了，心理年龄其实才二十几，野心大得很。

腾讯企业文化的第一条就是"做最受尊敬的互联网企业"，这是腾讯文化的愿景；腾讯的使命是"用互联网服务提升人类生活品质"。单看这两条，有没有一种"霸气侧露，似曾相识"的感觉？

外界看到的腾讯，一言不发，埋头苦干；站在内部看的腾讯，热情似火，情绪高涨。这种感觉，就像是在深厚地壳层下涌动的岩浆，目前已经积蓄了大量的能量，只等找到机遇便要喷薄而出。

所以，不要被那条粉色的领带欺骗了，更不要被看上去只有二三十岁的外表给欺骗了。马化腾如果爆发，杀伤力会比马云更大。

Business Develop

马化腾是混 IT 圈的。这个圈子有一个特点——年轻就是资本。

放眼当下的 IT 圈，马化腾等早一代的 IT 人已然成为前辈，早已今非昔比。在为数不多的"老记"的印象中，马化腾曾经是一个问三句话能回答三个字的人，是一个看到媒体就脸红到开不了口的人。这其中有一定的性格因素，而更多的则是现实使然。马化腾没有拿得出手的资本，因此选择了沉默。在 2000 年的时候，谁能想到，马化腾养的那只胖胖的、笨笨的小企鹅能成就互联网第一市值公司？

如今的马化腾仍旧"很年轻"，但也"很成熟"，现在是问一句能回答三分钟。在被问及腾讯未来发展的困难时，马化腾条理清晰地进行了分析："从内部说，腾讯的业务线很多，组织结构也相对复杂，这也造成了开发者要面对我们不同的部门。一个月前，腾讯成立组织委员会，对跨部门协调事宜，统一进行处理。今后，他们只要找组织委员会就可以统一解决这些问题……从外部来说，最大的问题依然是安全的问题，用户的账号密码、关系链、虚拟财产，这些我们都是很谨慎的，只有保证用户的安全性才可以往下走，因此我们不会随便让一个第三方应用在开放的平台上运行，对于开发商的介入，接口资源、范围、频率、收入我们内部都制定了分成分级，有完善的奖惩机制……2011 年，我们的开放平台已经打下了非常不错的基础，在未来的一年里，我们需要更加夯实基础，稳步向前，摸索出更多行之有效的开放之路，让合作伙伴取得更大成功。"

外界对马化腾的一个评价非常到位：一条潜行的巨龙。"超强的学习力"搭配"独特的运营力"，在经营管理方面，腾讯的力量绝对不容小视。

双打搭配，
管理不累

竞争要义

双打能弥补"尺有所短"的劣势，能发挥"寸有所长"的优势。

延伸阅读

更替接班人这件事情是每一家企业都无法回避的，马化腾也迟早要有退休的那天，选择什么样的接班人可能会对企业未来的发展起到极大的影响。然而，和一般企业"你上我下"式的换位不同，马化腾采取的是较为奇妙的"双打"战略。

腾讯的"双打"管理是指新的职业经理人与创始人同时出现在管理岗位上。马化腾在腾讯壮大之后明显感到公司出现了一些新问题，这是在创业时期没有想到的。2005 年，公司部门总数达到了 30 多个，他意识到再靠原来的管理办法可能行不通了。腾讯还基本是几个创始人各管一块。但腾讯的业务变得多样化也更专业化，不可能靠一个人掌管。马化腾对伙伴们讲，一定要培养出接班人。"我们的责任是更多地支持接班人去做，更多在跨部门之间协调，更多的决策、具体的事情都是交给他们去做。"此时，马化腾做的第一件事情就是针对各个重要岗位找来更国际化、更有管理经验的人。

马化腾说：“人一多，产品线一多，规范管理的压力落在我们这些创业者身上，确实很容易出现问题。引入职业经理人则能有效地分担管理压力。”因此最终形成了来自高盛的刘炽平先后担任首席战略官和总裁，与马化腾组成的"混合双打"，以及来自微软的熊明华担任联合首席技术官与腾讯执行董事兼首席技术官张志东组成的"混合双打"。

2006 年 2 月，有麦肯锡和高盛背景的"空降兵"刘炽平从马化腾手中接过总裁的位置。"总裁就是作为 CEO 的继承人，我们是这样培养的。"马化腾说出这句话的时候，不仅表明已开始为自己培养接班人，也意味着，当年与马化腾携手创业的四位伙伴将听这位外来"空降兵"的号令。刘炽平早在 2003 年扶助腾讯上市的时候就跟马化腾相识，对腾讯情况十分了解。直至 2005 年初马化腾把刘炽平引入腾讯做首席战略投资官，观察了一整年，知其"懂的东西很细、问问题的技巧到位、得到多方认可"之后，才给其总裁一职，并且只主要负责市场和销售，可谓步步筹谋。在中国互联网里，常常有人拿陈天桥来反衬马化腾，称一个"疾如风，侵略如火"，一个"徐如林，不动如山"。同样是任命总裁，陈天桥就是一声令下，唐骏一步到位，尽管在此之前，两个人只有数面之交。

马化腾实行"双打管理"也与腾讯实际发展过程中所遇到的困难有很大关系。以马化腾为首，创立腾讯的几个人都是做研发的技术人员，对于业务和推广并不在行。逼迫他们提高又不太现实，往往是拔苗助长。所以马化腾的解决方法只能是先把产品做好，让业务自身滚动成长，市场推广暂时搁置。在内部挑选，很可能选出来的人在业界比较算不上最好的人才，所以就需要在团队上做些补偿，尤其是进入到需要强力市场推广的阶段。要找很强的副手，内部找不到，就去外面挖。每个中层干部都一定要培养副手，这是马化腾的硬性"备份机制"。

"没办法，"马化腾说，"因为有些专业知识，无论怎么补课，就是到不了那个级别。指望你的提高去迎合公司发展的风险太大，所以一定要请人来替换你的功能。"比如 CFO 曾振国、行政总裁网大为，要搞资本运作、要跟国际大公司合作就是要靠空降兵们积累很多年的专业知识能力。

如今的腾讯，市场和销售方面的工作交给了刘炽平，各条具体业务线交给了各高层，马化腾最大的功夫下在跟踪前沿。每天晚上，马化腾都泡在网上，去 Do News、Tech Web 等国内的 IT 社区及各大门户的科技频道看看。如果遇到国外的新兴服务、有意思的产品，马化腾都要下载下来用一下；对于新上市的网络游戏，马化腾也要亲自进去玩一玩。

通过双打这一全新的模式，马化腾很好地完成了角色的转变，真正实现了"双打搭配，干活不累"的企业管理方式。

Business Develop

2005 年，年仅 34 岁的马化腾就开始为自己寻找接班人了。对于接班人的选择，马化腾显得较为谨慎——内部找不到就去外面挖。到 2005 年的时候，公司的两个 CTO 中，一个是创始人张志东，另一个是从微软空降的熊明华。9 人的核心高管团队里有 4 人为外部空降。

然而，在新业务的开展方面，马化腾也深深地明白，核心的东西一定要留在企业内部，以为请个高人来就可以一劳永逸，这是不现实的想法。在找来副手之后，马化腾自己也卸下了重担，退居腾讯董事长，一边进行"充电"，一边思考企业的发展战略，专心为腾讯搭构未来，"把主要的时间花在看战略、未来产品上"。

在拍板行动之前，马化腾需要想清楚几个事情：比如是否做搜索，哪些是技术的问题，哪些是非技术的问题；有哪些是可以用合作解决的；哪些是必须自己投入的；商业模型是否成型，收费还是不收费。比如是否做电子商务，看 eBay 和淘宝怎么赚钱，在未来 5 年还是不是一个很重要的市场；做这个服务对自己的社区是不是很重要，有生意往来对既有的朋友关系是不是有帮助。

而一旦决定做了，大到框架怎么搭、小到具体如何实施都放手给选定的人。在产品使用方面，马化腾更是被誉为腾讯产品的"首席体验官"。一个新产品出来，他会首先以一个普通网民的身份去感受，哪里不方便，哪个按键用起来别扭，哪里颜色刺眼，要对很多细节提出建议。马化腾认为，哪怕是做企业的管理，也还是要做自己最为擅长的事情。

【战况点评】马云真的永远能吗？

马云真的永远能吗？马云真的能笑到最后吗？这究竟是一个十年磨一剑的励志故事，还是一个高潮迭起、暗藏逆袭的曲折剧本？时间是裁判。

一路走来，马云也不是永远能的，他也曾因为受骗而懊恼，也因为被偷袭而急躁，更曾因为内部的种种问题而愤怒不已。阿里的上市是马云的荣誉之山，但也会成为马云继续突破的命运之坎。

阿里上市之后，马云其实面临着更大的挑战。2014 年 9 月 19 日，阿里巴巴在纽交所当天的表现非常不俗，最高股价一度逼近 100 美元，但截至 10 月 17 日，阿里巴巴股票的收盘价为 87.91 美元，前后相比，跌幅高达 11 美元。换而言之，与最高位时期的市值相比，一个月不到的时间里，阿里的市值已蒸发了 250 亿美元，马云的财富也相应缩水，据测算，幅度高达 92 亿美元。

这还不是最重要的问题。继阿里上市之后，前首富王健林的万达也将于年底上市，腾讯微信上市的消息也不胫而走……一方面是股价下跌，一方面是对手出招，马云可谓是"压力山大"。更重要的是，万达电子商务、腾讯、百度这些阿里昔日的对手们如今纷纷成了合作伙伴，并对阿里构成了事实上的合围之势，马云能不能招架得住？如今，京东表态要出招，向双十一这块淘宝的独享蛋糕发起进攻，欲分得一杯羹……没错，马云的担子其实因为上市而变得更重了。也就是说，2014 年，哪怕马云撑了过来，也一定是一个多事之秋。

竞争是一个持续进行的过程。危机意识也不能拯救危机。其实，不管谁是首富，他们的竞争终能带动整个社会向前发展。或许我们要关注的并不应是胜负结果本身，而是首富们的闪光品质——哪怕是歇斯底里的倔强，哪怕是无稽之谈的坚强。

附录　花边信息库

打车之外：马云很欣喜，马妈很发愁

2014 年 2 月 27 日，马云在阿里推出的移动好友互动平台"来往"中写了这样一段话：

几天前，我妈和我说她在路上打出租车，很久没有车停下来。她说他们这年龄的人不会用手机打车软件，不仅不能享受到"竞争红利优惠"，连起码的打车服务也没有了。我父亲说要不是我公司参与这个竞争以及看到很多年轻人喜欢，他早骂上门来了。

我觉得市场竞争的原则是要让市场受惠，让用户受益。不怕烧钱，更不怕竞争，但最怕伤害用户的利益，特别是老人与孩子的利益。

这事还真得认真思考和对待。用打车软件的朋友们，你们还想用多久啊？建议你们坐下来喝杯茶，商量一下，下一步如何干得更智慧点。呵呵竞争千万不能伤及别人。

两个蛮汉打架，街上看热闹的人多，绝对不要认为别人在看比赛，别人是在看笑话。

尽管移动支付行业之争战况激烈，但正常的市场竞争终究要回归到市场理性。随着社会发展程度的日益提升，作为商人更要用智慧的市场行为行走江湖。不要有选择性地忽视社会的特殊人群，特别是老人与孩子。

"诊断腾讯"之"西湖论鹅"会议简要

会议时间：2011 年 4 月 1 日 14:00

会议地点：浙江杭州

与会人员：马化腾及腾讯相关高管

会议摘要：

本次会议是"诊断腾讯"最高级别的研讨会。

1. 会议名称——西湖论鹅。

由来：马化腾和诸位专家们上午刚刚泛波西湖，姑且将这场诊断暂命名为"西湖论鹅"（非官方名）。

2. 马化腾就"3Q 大战"背后的问题进行分析：

"腾讯是从一个很小很小的企业长大的，支撑企业成长起来的都是纯粹的技术人员。现在企业规模扩大了，隐藏的问题逐渐开始浮出水面。特别是'3Q 大战'的爆发给腾讯带来的启示非同一般。腾讯不再仅仅是我们、股东和员工的，而是社会的，必须对生态系统负责。"

3. 马化腾关于腾讯挨骂的处理方案：

"我在微博上经常被骂，心理承受能力比你们想象的强，但不代表我麻木。我希望各专家不要给我留情面，提出严厉批评。我把 3Q 大战视为一次积极事件，让我们很多潜在的问题提前暴露出来，这就像地震，通过不断挤压让危机爆发出来。"

那些值得回味的马云语录

◆今天很残酷，明天更残酷，后天很美好，但是绝大部分人是死在明天晚上，只有那些真正的英雄才能见到后天的太阳。

◆看见 10 只兔子，你到底抓哪一只？有些人一会儿抓这只兔子，一会儿抓那只兔子，最后可能一只也抓不住。CEO 的主要任务不是寻找机会而是对机会说 NO。机会太多，只能抓一个。我只能抓一只兔子，抓多了，什么都会丢掉。

◆我们与竞争对手最大的区别就是我们知道他们要做什么，而他们不知道我们想做什么。我们想做什么，没有必要让所有人知道。

◆网络上面就一句话，光脚的永远不怕穿鞋的。

◆陈帅佛的话说互联网上失败一定是自己造成的，要不就是脑子发热，要不就是脑子不热，太冷了。

◆企业家是在现在的环境，改善这个环境，光投诉，光抱怨有什么用呢？国家现在要处理的事情太多了，失败只能怪你自己，要么大家都失败，现在有人成功了，而你失败了，就只能怪自己。就是一句话，哪怕你运气不好，也是你不对。

◆中国电子商务的人必须要站起来走路，而不是老是手拉手，老是手拉着手要完蛋。

◆我们知道当时可以敲几个锣，就可以围那么多人的时候，锣都敲得好，把戏还能不好？敲锣都敲出花来了。

◆我是说阿里巴巴发现了金矿，那我们绝对不自己去挖，我们希望别人去挖，他挖了金矿给我一块就可以了。

◆互联网是影响人类未来生活 30 年的 3000 米长跑，你必须跑得像兔子一样快，又要像乌龟一样耐跑。

◆我为什么能活下来？第一是由于我没有钱，第二是我对 Internet 一点不懂，第三是我想得像傻瓜一样。

◆发令枪一响，你是没时间看你的对手是怎么跑的。只有明天是我们的竞争对手。

◆如果早起的那只鸟没有吃到虫子，那就会被别的鸟吃掉。

◆互联网像一杯啤酒，有沫的时候最好喝。

◆听说过捕龙虾富的，没听说过捕鲸富的。

◆在我看来有三种人，生意人：创造钱；商人：有所为，有所不为；企业家：为社会承担责任。企业家应该为社会创造环境。企业家必须要有创新的精神。

◆ eBay 是大海里的鲨鱼，淘宝则是长江里的鳄鱼，鳄鱼在大海里与鲨鱼搏斗，结果可想而知，我们要把鲨鱼引到长江里来。

◆一个公司在两种情况下最容易犯错误，第一是有太多的钱的时候，第二是面对太多的机会，一个 CEO 看到的不应该是机会，因为机会无处不在，一个 CEO 更应该看到灾难，并把灾难扼杀在摇篮里。

◆上世纪 80 年代挣钱靠勇气，90 年代靠关系，现在必须靠知识能力！

非绝密但很隐蔽的马化腾私密档案

1. 马化腾在深圳大学自拟英文名 Pony，意为小马驹。腾讯员工私下称其为"小马哥"，当面则称 Pony。

2. 马化腾最大的个人爱好是"天文"，而且居然凭借着这项烧钱的爱好在腾讯内部找到了"发烧友"，并且成立了腾讯内部的天文小组。

3. 马化腾的父亲曾在腾讯公司代管财务工作。

4. 马化腾的第一辆车是一辆香槟色的沃尔沃 S80，购于 2001 年底，当时的市价约 70 万。

5. 马化腾非常擅长打游戏，像 CS、传奇等，都是马化腾喜欢的游戏类型。后来腾讯自己开始做游戏之后，马化腾就再没玩过其他的游戏。

6. 马化腾烟瘾很大，每天必须一包烟，不抽烟就没有改进产品的灵感。

7. 腾讯内部员工喜欢将马化腾与 CTO（首席技术官）张志东之间做比较，经过多番内部的非正式讨论，大家公认张志东的技术更强，但马化腾的产品经营能力更强。

8. 马化腾和他的妻子因网相识，也因网结缘。不过恋爱过程大都在线下进行，因此也不算是实打实的网恋。网传马化腾的婚礼花了 6000 万，这是谣传。小马哥的婚礼非常低调，参加者只有腾讯的元老级员工和死党。

马云上市现场答记者问，谈"首富心得"

马云：谢谢大家，非常感谢大家这么远飞到美国，今天我为阿里巴巴这个团队，我们的合伙人，我们的客户特别骄傲，也特别感动。15年的历程，确实中间，走过才知道有多么艰难，特别感谢大家。

很多人说你们成功了，其实我们离成功还是很遥远，我们走了15年，我们还有87年。昨天晚上阿里巴巴很多合伙人在交流的时候，大家的一个感受，我们很艰难走过了15年，但是我们要把时间花在未来的15年、未来的87年。

另外一个我想跟大家讲，我们今天不敢说我们成功了，其实今天来讲更是责任，因为来到美国，我们拿回去的不是钱，拿回去的是信任，拿回去的是压力，拿回去的是责任。其实别人关注越多，我们越要学会"做自己"。

今天我觉得如果说是一个成功的话，是小企业的成功，是中国经济的成功，是互联网的成功，是一批小客户的成功。我们为什么把客户放在台上，其实我们这个主意提出来的时候，阿里全体合伙人一致同意，非常兴奋，因为这就是我们的使命。因为我们认为只有台上这些人他们成功了，我们才能成功，我们15年所有的努力，就是希望他们成功，未来15年、未来87年，我们希望更多这样的人能够站在台上。

所以我特别荣幸今天来到这儿，我们大家有什么问题交流一下，谢谢。

媒体：马总，我是中央人民广播电台经济之声的记者，在这个特殊的日子，首先祝贺您和所有阿里人。我想问一个问题，您认为在当下，阿里巴巴的价值和意义意味着什么？

马云：其实我没想过那么深远，但是这几天我想得比较多的是在 1999 年开始创业的时候，在我自己家里面，那时候我跟 18 个创始人讲过，如果马云和我们这些人都成功，那么中国 80% 的年轻人都有机会成功。我觉得这意味着我们这两天发下来的 T 恤一样，每个人还是要有理想的，万一成功了，就不一样了，而且是要坚持。中国很多年轻人，我看了很多媒体讲的，阿里这样那样，其实我负责任地讲，阿里这 15 年来，我们靠的就是市场、靠的就是互联网、靠的就是激情创业，我们不需要什么样的人在背后支持你，我们只需要的是永远坚持为我们的客户服务。

我想阿里对中国、对互联网、对很多人来讲，最大的价值，就是如果你想做，你坚持，你有好的人，你是一定有机会成功，这是我想讲的。

新华社记者：我是新华社记者，我这个问题先请陆总回答，然后请马总回答一下，你们在敲钟的时候，最后面你们谁都没有上去，我想问陆总，你心里有没有一点点恨马总，你们高管本来是可以上去的。

还有一个问题大家非常关心的，我们看股价走得很高，30% 是由国际资本买走的，如果你们的规则允许的话，可不可以谈谈这个问题。

陆兆禧：看到客户在台上，我认为是一个最感动的时刻，我们就是一直为这么一群人活着，我觉得非常有价值，没有任何后悔。

马云：我想这八个人选出来，我觉得我特别骄傲，而且最有意思的是合伙人投票，大家决策的时候是全体觉得没有别的更好的主意。你说我有没有遗憾，我一点遗憾都没有，因为对我来讲，如果上去敲一个钟，对我意义不是很大，但是对这八个人来讲是一辈子的意义。有些事情对我没有意义，对别人有意义，能够改变别人一辈子，所以没有半点遗憾，而且我是非常兴奋。

至于股价的事儿，我肯定不能讲，第二关于中资、外资购买，听起来也挺复杂，我现在也没搞清楚。我想对于阿里来讲，阿里是一家诞生在中国的全球化互联网公司，基于这个市场，我们15年以前没有想过跑美国来上市，一两年前我们都没有想过，但是既然来了，还是这句话，我相信中国很快也会有很好的公司在中国本土上市，中国资本市场将会对外开放。因为有些时候，有些抱怨、有些不好的，正是我们这些人的机会，所以我相信在未来十年，中国社会会有很大的变化，资本市场会有很大的变化，会更加透明、更加开放、更加有机会大家共同参与。

香港媒体：现在集团上市了，那么下一个目标是什么？小微金融这一块打算什么时候上市？

最后一个问题，2007年的时候，你们在香港上市，当时的感受跟今天在美国上市的感受有什么不同，谢谢。

陆兆禧：下一个目标，回去好好工作。（现场笑）

媒体：是什么样的目标，能讲一下吗？

陆兆禧：第一个，肯定是要把无线业务、电子商务业务做大。第二，进入一些新的领域，包括扩展我们的市场。另外会涉及到国际化的一些战略落地。

马云：其实要做的事情很多，我们没有做好的事情也有很多，今天的淘宝、今天的天猫、今天的阿里巴巴其实离我们今天很多用户的期待还是很远。我记得十年前跟同事讲，十年以前很多电子商务网站大家觉得做得不错，我说十年以后的电子商务一定不是这样的。我今天也是这么觉得，十年十五年以后的电子商务不是今天这样子的，需要有人去改变的，所以我们愿意去改变，我们愿意改变自己，这里的机会很大，全世界这么多中小企业、这么多消费者，都是机会，都需要帮助。

其实我觉得我们公司的成长就在于如果能够给别人不一样，我们自己就会不一样，而不是希望自己不一样，别人才不一样的。

另外一个，关于小微什么时候上市，我真没去考虑过，小微金服还是一个Baby，还是一个孩了，它是金融的创新，它要走的路还很长很长。今天它在我公司里面起到的作用，它的目的不是为了上市。就像这两天有人问我，你们公司会做得多大。其实做得多大不是我们要做的，做多长、做多好是我们要思考的一个问题。所以小微金服没去考虑过什么时候上市，我希望这个金融创新能够给更多的消费者、更多的消费者带去更多的价值。

第三个，香港2007年上市跟现在有什么区别，我不知道有什么区别，只是2007年上市，没想到马上金融危机来了。这次上市，当然我们团队，所有的银行、所有的投资者都很认真，大家都投入大量的工作，但我觉得最后证明报答投资者、报答消费者、报答客户最好的就是把我们的工作做好，这不是客套话，其实大家不一定能理解，我相信中国很多年轻人可能未必能理解我们现在的心情。但我们知道这是巨大的信任在我们身上，这种信任跟钱已经没关系了，这种信任就是如果你做得好是应该的，做得不好，那就很悲摧了。所以我们后面的日子会越来越艰难，但是不管发生什么事情，我们会做自己。

媒体：我是浙江卫视记者，首先作为家乡媒体，真的非常为阿里巴巴骄傲，我的问题，阿里巴巴从杭州起家，从中国企业到全球最大的互联网公司之一，阿里巴巴是否意味着中国企业是有真正意义地加入全球竞争的，对于中国企业，你有什么建议？

马云：第一，我觉得应该这么讲，我们这些人，以中国为骄傲，以浙江为骄傲，以杭州为骄傲。我自己觉得我们这些人长在杭州，发展在杭州，很多企业经常问我这个问题，你为什么是在杭州，而不在北京、不在上海。我自己觉得一个企业不在于在哪里，而是心在哪里，如果你的心是全球的，就做全球的生意，如果你的心在一个省，就做一个省的生意。

我们今天应该来讲感谢中国，没有中国经济的发展，没有中国那么多消费者，没有中国互联网的发展，没有在座所有媒体对我们无私的，或者说客观的帮助；我相信包括很多善意、客观的批评，我觉得这是真心话，我们特别感谢，没有你们的支持，我不可能走到今天。

至于中国企业国际化，我是这么认为，国际化绝不等于在国外有业务，绝不等于在国外有工厂，国际化最重要的是要有国际化的思想和国际化的战略。所谓国际化的思想，就是你要去那个地方，不是从那个地方挣多少钱，而是因为有你，那个地方发生什么变化。

我们现在看到有些中国企业在国外有工厂，但我并不认为它们是国际化，我们看了很多企业没在国外有企业，但是不等于它没有国际化。应该讲我们比较有运气，很幸运走了十五年，我们积累了一些经验，我们希望未来十五年能够为无数中国企业积累更多的经验，去跟世界各国文化、商业打交道。在浙江杭州特别感谢的是浙江的民营企业氛围给了我们很多的舞台，包括创业者，我觉得世界未来的机会，Small is beautiful。今天我们送给纽约纽交所淘公仔，就想告诉大家，The Power Are Small Guys，小企业的力量。

其实在这个时代最大的肌肉不是身体上的肌肉，而是你脑袋里的知识，最大的操作系统是你的心脏、你的勇气。所以我觉得阿里在未来的路程过程中，我们一定会犯很多的错误，因为我们不仅仅为了自己，我希望为这个时代，为无数的年轻人和在创业过程中的人，我们可以提供经验、基础设施和资源。

时间的关系，特别感谢大家，我不知道该怎么说，尽管不知道怎么说，还是说了那么多。最后还想说的是感谢大家，那么远的路来到纽约，大家这两天注意休息、注意安全，也希望大家能够一如既往地支持我们。任何客观的批评、任何对我们的监督，都让我们更透明，因为我们代表的已经不只是杭州的企业，我们可能真正代表这一代的企业、这一代的年轻人，我们竞争的不是边上的人，我们竞争的是明天，是跟全球同年龄的人竞争，感谢大家。

媒体：成为首富有什么感觉？

马云：第一，我一点感觉都没有，我跟大家讲真话，14 年以前我问过我太太，你希望你老公成为一个有钱的富豪还是希望成为一个受尊重的企业人？她说什么富豪啊，我希望你受人尊重。她相信我也不会成为富豪，因为我们也没想过做富豪，如果出发点想做富豪，一定做不了的。我说过我最快乐的日子是一个月拿 90 块人民币的时候。

因为（今天）这些钱不是你的，你有 100 万人民币，这是你的钱，1000 万人民币的时候，你开始头痛，你开始担心要投资，投这个，投那个，买股票，买债券。等你超过一个亿的时候，这是别人给你的信任，所以我现在的理解，是那么多人给了我信任，他们相信我们这些人花这些钱比别人更有效、更有价值。

我觉得后面我要做的工作，就是把钱给花出去。我从没想过当中国首富，也没想过当浙江杭州首富，我连我的小区首富都不想做，这个没有任何意义。钱是资源，对我们来讲钱是用来做事情的，一个人花不了多少钱，谢谢大家。